KB122359

영아 · 유아를 위한

미술교육

이민경 著

 21세기사

Preface

인간은 태어나면서부터 잠재된 무의식의 세계에서 본능적으로 자기표현을 하게 되고 말을 하는 것으로 만족하지 않고 생각하는 것을 실현 해 보이기 위해 자기의 개념을 몸 짓이나 대상물로 상징해 내고 모방이나 그림으로 사물을 묘사해 내려고 한다. 인간이 자신을 표현하고자 하는 것이 본능인 것처럼 영유아들은 자신들의 생각과 느낌을 표현하기 위하여 미숙한 언어 대신 그림을 통하여 표현한다. 언어로 자신의 생각을 자유스럽게 표현하기 어려운 영유아기 때의 아이들은 거의 하루도 빠짐없이 본능적으로 그림을 그리게 되며, 초등학교에 입학하면서 말하기, 읽기, 쓰기에 많은 시간을 보내는 아이들은 영유아기 때에 비해 현저하게 그림 그리는 시간이 줄어든다. 즉, 말이나 글로 자신의 의사를 완전하게 표현하기 어려운 영유아들은 의사표현의 한 수단으로 그림을 그린다.

영유아가 그림을 그리는 이유는, 일상생활에서 볼 수 있는 사물을 묘사함으로써 그것을 재창조하는 즐거움을 느끼며, 자신이 가지고 싶은 것을 그려 상징적으로 가지게 되며, 또한 그림을 그리면서 자신의 존재를 알리며, 자신이 되고 싶은 미래의 그 무엇을 그린다. 이렇듯 영유아는 태어나면서부터 오감을 사용하여 주변의 사물과 환경을 끊임없이 탐색하고 조작하며 이런 상호 작용의 과정을 통하여 자신과 외부 세계와의 관계를 형성해 간다.

본 저서는 영유아를 위한 미술활동은 특수한 기술 습득이나 묘사, 완벽하게 완성된 결과위주의 미술활동이 되어서는 안 되며, 영유아가 주변 환경과의 상호작용을 통해 가지게 되는 자신의 생각과 느낌을 다양한 매체를 활용하여 다양한 방식으로 자유스럽게 표현할 수 있게 하는 마음으로 집필하게 되었다.

제 1부에서는 영유아 미술활동의 필요성과 중요성 인식을 위해 영유아와 미술활동, 영유아 미술활동의 발달과 특성, 영유아 미술활동을 위한 교사의 역할, 영유아 미술활동과 유아평가의 내용으로 이론을 다루고 있으며, 제 2부에서는 같은 주제, 소재, 매체를 각각 영아와 유아로 나누어 평면활동, 입체활동, 그림책을 활용한 미술활동, 명화를 활용한 미술활동으로 나누어 소개하였다.

아무쪼록 이 책이 예비 영유아 교사와 현장에 있는 영유아 교사들에게 좋은 지침서가 되기를 바라며, 이 책이 출간될 수 있도록 도움을 주신 21세기사 관계자 분들과 많은 미술적 영감을 불어 일으켜 프로그램 구성에 자극을 준 승주와 현진, 더불어 본 저서에 수록된 여러 사진 활영에 협조해 주신 분들게 감사의 마음을 전한다.

2015년 햇살 가득한 날에

저자 씀

Contents

PART 1 영유아 미술활동 이론

CHAPTER 1 **영유아와 미술활동**   3

  1. 영유아가 미술활동을 하는 이유   4
  2. 영유아에게 미술활동이 필요한 이유   5
  3. 영유아교육에서 미술활동의 방향   7

CHAPTER 2 **영유아미술활동의 발달과 특성**   11

  1. 평면그림 표현의 발달단계   12
  2. 찰흙활동 표현의 발달단계   15
  3. 영유아미술활동의 특성   17

CHAPTER 3 **영유아미술활동을 위한 교사의 역할**   25

  1. 영유아미술활동을 위한 교육적인 환경구성   26
  2. 영유아미술활동을 위한 재료의 이해와 준비   27
  3. 영유아미술활동 지도를 위한 교수학습방법의 이해   31

CHAPTER 4 **영유아미술활동과 유아평가**   51

  1. 미술활동을 통한 유아평가 방법   52
  2. 포트폴리오를 통한 유아미술평가   53

PART 2   영유아 미술활동 실제

CHAPTER 1   평면 활동   59

1. 꼴라쥬   60
2. 야채찍기   66
3. 모래종이 그림   70
4. 손 · 발바닥 그림   73
5. 스티커 그림   79
6. 물감 불기   83
7. 거품 찍기   87
8. 비밀 그림   91
9. 핑거페인팅   95
10. 보지 않고 그리기   99
11. 얼음 그림   102
12. 그림 번지기   106
13. 마아블링 그림   113
14. 우리 몸 찍기   117
15. 은박지에 그리기   122
16. 모래 종이에 그리기   126
17. 데칼코마니   133
18. 자화상 그리기   137
19. 뿌리는 그림   141
20. 점으로 그리기   145
21. 본뜨기   149
22. 숫자 그림   153
23. 표백 그림   157

24. 음악 들으며 그림 그리기   161

25. 우리 유치원 소개   166

26. 공룡세상   170

CHAPTER 2   입체 활동   173

1. 흙 점토로 만들기   174

2. 흙 점토와 석고로 모양 찍어내기   180

3. 지점토로 만들기   185

4. 밀가루 점토 만들기   192

5. 밀가루 점토 활동   199

6. 자연 물로 꾸미기   207

7. 선 그림(스티커 그림)   215

8. 우산 꾸미기   219

9. 창문 꾸미기   223

10. 티셔츠 꾸미기   226

11. 케이크 컵으로 꾸미기   230

12. 종이 달걀판으로 꾸미기   234

13. 이쑤시개로 만들기   238

14. 자연물로 염색하기   242

15. 식빵으로 꾸미기   246

16. 풍선으로 만들기   249

17. 나의 얼굴 표현하기   254

CHAPTER 3   그림책을 활용한 미술 활동   263

1. 빨간 끈은 어떻게 되었을까?   264

2. 요셉에게 새로운 옷 만들어 주기   266

3. 달사람 그려보기   268

4. 자연물로 염색하기   270

5. 선으로 그림 그리기   273

6. 작은 모양으로 큰 모양 만들기   275

7. 흑 백 그림에 색깔 넣어 주기   277

8. 점으로 그리기   280

9. 실로 모양 만들기   282

10. 마음에 드는 고양이 그리기   284

11. 개들의 동산   286

CHAPTER 4   명화를 활용한 미술 활동   289

1. 씨름장 그리기   290

2. 몬드리안처럼 그리기   292

3. 목이 긴 사람   294

4. 미인의 한복에 색깔 넣어주기   297

5. 춤추는 사람들의 운동   299

6. 우리친척 소개하기   301

7. 공작 색칠하기   304

8. 그림에 등장한 곤충 그려보기   306

9. 감정 그림 그리기   309

10. 먹물로 그려보기   312

11. 내 모습 그리기   314

제1부

영유아 미술활동 이론

CONTENTS

CHAPTER 1   영유아와 미술활동

CHAPTER 2   영유아미술활동의 발달과 특성

CHAPTER 3   영유아미술활동을 위한 교사의 역할

CHAPTER 4   영유아미술활동과 유아평가

영유아와 미술활동

CHAPTER 1

CONTENTS

1. 영유아가 미술활동을 하는 이유
2. 영유아에게 미술활동이 필요한 이유
3. 영유아교육에서 미술활동의 방향

모든 인간은 태어나면서 사고하는 능력을 가지고 태어난다. 이 능력 때문에 인간은 만물의 영장이 된 것이다. 사고는 언어를 선택하게하고 언어는 습관을 만들게 되고 습관은 인격을 형성하며 결국은 그 사람의 운명을 만들게 된다. 그렇다면 사고는 할 수 있지만 자유롭게 표현할 수 없는 영유아들은 어떻게 될까? 그것은 어른들에게 말을 하지 않고 며칠, 몇 달을 보내라고 한다면 어떻게 될까? 를 생각하면 쉽게 이해 될 것이다.

인간은 태어나면서부터 잠재된 무의식의 세계에서 본능적으로 자기표현을 하게 되고 말을 하는 것으로 만족하지 않고 생각하는 것을 실현 해 보이기 위해 자기의 개념을 몸짓이나 대상물로 상징해 내고 모방이나 그림으로 사물을 묘사해 내려고 한다(piaget, 1954).

인간이 자신을 표현하고자 하는 것이 본능인 것처럼 영유아들은 자신들의 생각과 느낌을 표현하기 위하여 미숙한 언어 대신 그림을 통하여 표현한다. 언어로 자신의 생각을 자유스럽게 표현하기 어려운 영유아기 때의 아이들은 거의 하루도 빠짐없이 본능적으로 그림을 그리게 되며, 초등학교에 입학하면서 말하기, 읽기, 쓰기에 많은 시간을 보내면서 영유아기 때에 비해 현저하게 그림 그리는 시간이 줄어든다. 즉, 말이나 글로 자신의 의사를 완전하게 표현하기 어려운 영유아들은 의사표현의 한 수단으로 그림을 그린다.

영아기 때 처음으로 무엇인가로 그리기를 할 때는 아직 신체발달이 미숙하여 자신의 생각을 자세하고 충분하게 표현할 수 없게 된다. 하지만 표현이 미숙하다고 하여 생각이나 느낌이 부족한 것은 아니다. 점이나 긴 선 하나 속에 수많은 감정과 욕구, 생각과 이야기가 들어있다.

이렇듯 영유아는 태어나면서부터 오감을 사용하여 주변의 사물과 환경을 끊임없이 탐색하고 조작하며 상호 작용의 과정을 통하여 자신과 외부 세계와의 관계를 형성해 간다.

영유아가 그림을 그리는 이유는, 일상생활에서 볼 수 있는 사물을 묘사함으로써 재창조의 즐거움을 느끼며, 자신이 가지고 싶은 것을 상징적으로 가지게 되며 또한 그림을 그리면서 자신의 존재를 알리며, 자신이 되고 싶은 미래의 그 무엇을 그린다(Wilson

& Wilson, 1982). 영유아들이 모래나 땅을 파고, 성을 쌓고, 모으고, 둥그렇게 작업에 열중하는 것, 나무토막에 못질하고, 진흙을 두드리며 땀범벅이 되어 노는 것은 활동 과정을 즐기고 활동의 반복을 통하여 기쁨과 만족감을 얻는 조형욕구의 발현이라 볼 수 있다. 또한 표현활동을 통해 여러 가지 정신력을 순화하고 성장시키며 유아 내부의 갈등과 감정을 해소시키고 발산시켜 정서적으로 안정되어 정신 건강에 좋은 활력소가 되며, 외계로부터 사물에 대한 인식을 아름답게 해주는 지적 인식과 인간의 마음을 풍부하게 길러주는 계기를 만들어준다(김정, 1975).

그러므로 영유아를 위한 미술활동은 특수한 기술 습득이나 묘사, 완벽하게 완성된 결과위주의 미술활동이 되어서는 안 되며, 영유아가 주변 환경과의 상호작용을 통해 가지게 되는 자신의 생각과 느낌을 다양한 매체를 활용하여 다양한 방식으로 자유스럽게 표현하도록 해야 한다.

2 영유아에게 미술활동이 필요한 이유

영유아에게 미술활동을 지도하는 것은 단순한 미술교육을 위한 것이 아니라 일상생활의 일부로써 미술을 경험시키면서 영유아를 이해하고 모든 발달 영역의 통합을 촉진하는 전인적 성장의 기초를 마련 해 줄 수 있어야 한다. 즉 영유아 미술을 지도하는데 있어 미술적인 전문가 양성에 목적을 두지 않고 영유아의 통합적인 발달에 목적을 두고 영유아의 생활 전체를 발달시키는 것에 교육의 방향을 맞추어야 한다. 미술활동이 영유아의 제 발달영역에 미치는 영향을 살펴보면 다음과 같다.

2.1 영유아 미술과 신체발달

초기의 영유아들은 크레파스를 손 전체로 잡고 손목을 움직이는 것이 아니라 팔을 움직여 그림을 그린다. 즉 영유아들은 대 근육 보다 소 근육이 덜 발달되어 성인처럼 크레파스를 잡을 수 없다. 큰 종이에 그림그리기, 다양한 크기의 모양이나 선을 따라 가위로 오리기, 점토 두드리기, 주무르기, 떼어내어 다양한 모양 만들기 등은 대근육 발달뿐만 아니라 눈과 손의 협응, 소근육 발달 등 신체적 발달의 기회를 제공한다.

2.2 영유아 미술과 인지발달

영유아들은 그림 그리기를 통해서 자신의 사고와 아이디어를 표현할 수 있으며, 물체를 구성하고 빚어 봄으로써 자신이 경험한 것들에 대한 개념들을 명백히 하고 보다 예리하게 주변의 세계를 지각하게 된다. 또한 여러 종류의 재료를 직접 다루어 보면서 그 재료들이 갖는 특이한 촉감, 색깔, 유형, 성질 등을 탐구하고 실험하고 배우며, 새로운 방법을 발견하여 시험하기도 한다. 개미를 그리면서 개미를 관찰하게 되고 개미의 모양, 생김새, 다리의 수, 움직임 등 여러 가지 기본 개념을 습득하게 된다. 인지발달 이론에서는 영유아는 본 것을 그리는 것이 아니라 알고 있는 것을 그린다고 주장한다.

2.3 영유아 미술과 언어발달

영유아는 미술활동 과정에서 교사와 수많은 언어적 상호작용을 한다. 협동 활동을 하기 위해서는 또래들과 토의하고 협의하고 양보하는 과정을 거치며, 상대의 의견을 받아들이고 친구를 설득하기도 한다. 자신의 작품이나 타인의 작품에 관해 이야기하고 설명하며 질문함으로써 언어사용이 명확해지고 어휘가 증가하게 된다. 표현능력이 아직 충분히 발달되지 못한 영유아는 자신의 생각이나 보고 느낀 것을 전달하기 위한 의사소통의 수단으로 그림을 그린다(이숙재외, 2000).

2.4 영유아 미술과 정서발달

〈고추가 있는 공주〉 4세 여아

〈언니가 말을 안들어서엄마가 화난 모습〉 4세 여아

미술활동은 영유아의 감정, 환상, 두려움, 좌절, 공포 등을 비언어적인 방법을 통하여 표면적으로 드러나게 한다. 큰 종이를 소리 내어 찢기, 밀가루 반죽을 두드리고 발로 밟기, 가위로 마음대로 오리기, 핑거페인팅 등 여러 가지 자료와 활동을 통해 불안, 질투, 스트레스와 같은 부정적인 감정을 표출하여 긍정적인 태도로 조정하는 것을 배우게 된다.

2.5 영유아 미술과 사회성 발달

영유아 미술활동은 영유아 자신과 타인에 대한 감수성을 증가시켜 사회적으로 성장할 수 있는 기회를 제공한다. 결과중심이 아닌 과정중심의 미술활동의 특성은 성취감과 긍정적 자아개념을 형성하는 밑바탕이 되며, 공통된 흥미를 가진 유아들끼리 집단을 형성하여 규칙을 만들고 지키며, 협동 활동을 하며 재료를 나누고 자신의 생각을 서로 나누는 과정을 통해 타인을 배려하고 이해하며 상호작용하는 방법을 배우게 된다.

2.6 영유아 미술과 창의성 발달

창의성이란 개인 또는 타인에게 가치 있고 개인에게 독창적인 어떤 것을 생각하고 행하는 방법(Mayesky et. al., 1995), 하나의 사물을 맥락을 달리하여 생활 수 있는 능력이라 할 수 있다. 영유아의 미술활동이 영유아의 발달에 적합할 때, 자율성과 융통성이 주어졌을 때, 개인적 배경과 경험을 인정할 때 창의성 발달이 이루진다.

3 영유아교육에서 미술활동의 방향

다른 교육 영역과 마찬가지로 미술교육 역시 시대의 흐름과 맥을 같이하며 미술활동의 방향이 결정되었다. 고대사회에서는 실물과 똑같은 완전한 모방과 모방의 과정을 거쳐 재구성하는 것이었으며, 산업사회에서는 기능을 목적으로 주어진 학습과제를 실기 중심으로 반복 훈련하며 미술적 기능을 향상시키는 미술교육이 주를 이루었다(정미경, 1993, 이규선 외, 1994).

영유아미술은 루소 이후 아동중심교육 사상과 함께 실무 교수방법이 도입되면서 큰 변화를 맞이하게 되었다(Brubacher, 1996). 미술교육의 목적이 기능인 양성이었던 것에 대한 반동으로 19세기말부터 자유로운 미술표현과 미술을 통한 창의성 육성 등이 유아 미술교육의 중요한 목적으로 자리 잡게 되었다.

Barkan은 미술교육이 그동안 표현활동만 강조하는 것이 미술작품에 대한 이해와 평가능력을 길러 줄 수 있을 것인가에 대해 의문을 제기하면서 작품이 담고 있는 내용이나 시각형태의 관계성 등을 읽고 이해할 수 있는 감각을 키우는 것이 미술학습의 핵심목적이 되어야 한다고 주장하였다(노부자, 1993).

DBAE(Discipline Based Art Education Program)에서의 미술교육의 목적은 미술의 역사와 문화의 이해, 미술작품의 미적 특징 및 환경의 이해, 시각적 이미지 작품을 창조하는 것, 미술작품의 질을 지각하고 그것에 반응하는 것, 역사와 문화에 있어서 미술작품이 차지하는 위치를 이해하는 것, 미술작품에 대해 합리적인 판단을 하고 그러한 배경을 이해하는 것이라고 하였다(Dobbs, 1992). 즉 작품제작에 중점을 둔 것과는 달리 미술의 통합적 이해에 기초한 미술교육으로 미학과 미술사, 미술제작, 미술비평의 네 영역을 통합적이고 체계적으로 교육하며, 생활 속에서의 미적 안목 훈련과 창의적이고 개성적인 창작 능력을 고취시키고 문화적, 역사적 맥락 속에서 미술문화의 가치에 대한 이해를 북돋우며 미술 작품 등을 볼 수 있는 능력을 갖출 수 있게 하는 체계적인 교수방법을 제시하였다(이수경, 이주연, 1994).

미국의 미술교육협의회 NAEA(1994)에서는 미술교육에 대한 구체적인 방향을 다음과 같이 제시하고 있다.

첫째, 시각예술의 양식을 통하여 아이디어, 태도 및 감정을 효과적으로 전달할 수 있다. 둘째, 아이디어를 혁신적인 방법으로 표현할 수 있다. 셋째, 미술작품의 의미를 해석할 수 있다. 넷째, 미술매체, 도구, 기법 그리고 기능적으로 사용할 수 있다(정미경, 1999).

우리나라의 영유아미술교육의 방향을 살펴보면 1981년 제정된 제 3차 유치원 교육과정에서는 정서발달 영역의 목표로서 긍정적 태도, 성취감, 심미감 및 창의적 표현에 두고 있으며, 1987년에 제정된 유치원 교육과정에서는 느낌과 자기 나름대로 표현하게하는 것을 목표로 하고 있다(이기숙, 1995). 1992년 제정된 제 5차 교육과정에서는 풍부한 감성과 상상력을 기르며, 자신이 느끼고 생각한 것을 창의적으로 표현하게 한다고 지시하고 있으며(교육부, 1995), 1998년 제 6차 유치원 교육과정에서는 자연과 사물의 예술적 요소에 대한 호기심, 창의적 표현능력, 심미감을 기르고 정서적인 안정감을 갖는다(교육부, 1998)고 제시하고 있다. 2007년 제 7차 교육과정에서는 생각하고 느낀 것을 예술적으로 표현하고 감상함으로써 심미적 태도와 창의적 표현력을 기른다(교육부, 2008). 2012년 누리과정 에서는 아름다움에 관심을 가지고 예술 경험을 즐기며, 창의적으로 표현하는 능력을 기른다(교과부, 2012). 이러한 우리나라 유치원 교육과정에서 유아미술교육의 목표를 정리해 보면 제 1차 교육과정에서 제 4차 교육과정에 이르기까지는 유아의 미술활동이 표현활동에 치중하고 있으나 제 5차 교육과정부터는 감상활동을 강조하고 관련 자료를 개발하는 등 유아 미술활동에 대한 시각이 변화했음을 알 수 있다.

이처럼 미술교육의 목표는 시대에 따라 변화되었으며, 모방에서 기능으로, 기능에서 내면의 정서를 표현하기까지 표현중심 미술활동이 주류를 이루었으나 근래 들어 미술의 본질을 이해하고 응용할 수 있는 감상활동까지 강조하는 방향으로 변화하고 있다.

2012년 누리과정에서는 예술경험 영역의 미술내용을 다음과 같이 제시하고 있다. 아름다움찾아보기, 예술적 표현하기, 예술 감상하기로 내용을 크게 3영역으로 범주화 하고, 아름다움찾아보기 영역의 미술적 요소 탐색하기 내용에서는 자연과 사물에서 색, 질감, 모양, 공간 등을 탐색하고, 여러 가지 재료와 도구를 자유롭게 탐색한다. 예술적 표현하기 영역의 미술활동으로 표현하기 내용에서는 다양한 미술활동으로 자신의 생각과 느낌을 표현하고, 협동적인 미술활동에 참여하며 미술활동에 필요한 재료와 도구를 다양하게 사용한다. 예술감상하기 영역의 다양한 예술 감상하기 및 전통예술감상하기 내용에서는 다양한 미술작품등을 보고 즐긴다. 나와 다른 사람의 예술표현을 소중히 여긴다. 다른 문화의 예술작품에 관심을 가진다. 우리나라의 전통예술에 관심을 갖고 친숙해진다(교과부, 2012).고 제시하고 있다.

영유아미술활동의
발달과 특성

CHAPTER 2

CONTENTS

1. 평면그림 표현의 발달단계
2. 찰흙활동 표현의 발달단계
3. 영유아미술활동의 특성

1 평면그림 표현의 발달단계

그동안 많은 심리학자들은 영유아의 그림을 연령별로 분류한 결과 연령에 따라 그림의 특징이 변화되어가며, 각 단계마다 흥미 있는 특징이 있음을 발견하였다. 물론 영유아의 표현이란 개인적인 차, 환경의 차를 전제해야 하지만 여러 학자들의 이론에 의하여 보편적인 공통 요인과 일정한 순서가 있음을 알게 되었다.

1.1 Lowenfeld의 단계

① 난화기(2-4세)

- **무분별한 긁적거리기(초기)** : 무의식적이고 무질서하며, 방향감각이 없고 인과 관계를 인식하지 못한다. 근육통제가 되지 못하며, 목적의식이 없고, 손의 움직임에 따라 나타나는 흔적을 보고 좋아한다.

- **조절된 긁적거리기(중기)** : 근육의 통제가 가능해 지면서 팔의 움직임을 조절하고 긁적거림의 결과를 발견하며, 무질서한 선이 점차 원, 수평, 수직운동을 반복하게 된다.

- **의도적 긁적거리기(말기)** : 사고를 갖고 시각적 기억력으로 그림을 그리며 색에 대해 무관하고 상징적 활동을 시작한다. 점차 원으로 접근하면서 정돈된 회전이 반복되며, 원을 의식하기 시작한다. 자신의 그림에 명명을 하고, 팔의 움직임과 상상의 세계를 연결하여 그린 선들을 그림으로 생각한다.

〈난화기의 긁적거리기 그림〉 2세

② 전도식기(4-7세)

- 무의식적 표현에서 의식적 표현을 한다.

- 본능적 욕구에 의해 좋아하는 대상을 표현한다.

- 재료를 적절히 다루지 못하여 타인이 유아의 목적을 인식할 수 있을 정도의 형태로 그려내지 못하여 생각과 다른 그림을 그리기도 한다.

- 감정과 정서에 따라 색을 사용한다.

- 지능 발달에 따라 개인차가 심하다.

- 자신의 생각을 주저 않고 그려내기 때문에 창조성이 높게 나타난다.

- 그림에서 유아의 사고 과정을 엿볼 수 있다.

- 유아가 자신이 속한 환경과의 관계를 중요시함을 알 수 있다.

- 새로운 개념을 찾기 위해 표현 형태를 자꾸 바꾼다.

- 4세경이 되면 확실한 형태를 알아보기는 어려워도 형태가 나타나기 시작하며, 5세

〈5세 남아〉

〈5세 여아〉

〈6세 여아〉

〈6세 여아〉

가 되면 사람, 집, 나무 등 주변에서 오랫동안 접하고 경험한 사물은 확실한 형태로 그려낸다.

- 6세경에는 주제에 따라 확실한 윤곽을 가진 그림을 그린다.

- 전도식 초기에는 주로 사람 그림을 많이 그리며 원으로 그려진 머리에서 바로 팔과 다리가 나와 있는 두족인 형태로 그린다.

- 자신이 환경의 일부분임을 알지 못하여 그리고 싶은 것을 따로따로 열 거하여 그림들이 서로 연관이 없다.

- 색을 구별할 수 있으며, 자기가 좋아하는 색을 선택하여 칠하기도 하지 만 그려진 그림의 모든 면에 색칠하기를 즐기기 보다는 여러 형태들을 선으로 그려 놓는 그림을 즐긴다.

1.2 김 정의 단계

① 신생아기(0–3세) : 연필이나 크레파스 등의 물건을 가지면 공중에 마구 휘젓는 행동을 하며, 색깔보다 형태를 먼저 구분한다.

② 난화기(3–5세) : 난화 전기에는 무의식 운동으로 낙서 같은 선들이 나타나며, 연결되지 않던 선들이 반복으로 인해 회전 운동으로 발전하게 된다.
난화 후기에는 회전 운동이 자유로워지며, 사물의 대 · 소와 수평의 상하를 구별 한다. 원을 그리고 그림에 흥미가 높아지면서 그림을 그리려는 시간이 차츰 늘어 난다. 최초의 인물화인 두족인을 그리게 된다.

③ 전도식기(5–7세) : 그림에 대한 흥미와 감정이 최고조로 도달하면서 의식적인 묘화 활동이 시작된다. 주제를 미리 정한 다음에 그림을 그리며, 얼굴 표현에 흥미가 높다. 환상적으로 표현하며, 신크로니즘(Synchronism) 현상이 나타난다. X-ray 화법을 사용하고, 원근과 공간 관계가 무시되고, 자기중심적 표현을 사용한다.

2 찰흙활동 표현의 발달단계

2.1 Lowenfeld의 단계

① 2세 : 찰흙을 두드리는 행동을 취한다.

② 3세 : 동그란 공 모양을 만든다.

③ 4세 : 공을 모아 약간 복잡한 형태로 만들거나 손가락으로 구멍을 낸다.

④ 5세 : 목적을 가지고 만든다.

2.2 장양길의 단계

① 2세 : 찰흙을 잡아떼거나 손가락으로 찌르거나 굴리면서 촉감을 느낀다.

② 3세 : 둥근 모양을 얼굴처럼 표시하고 손발을 작게 붙이거나 비틀어 만든다.

③ 4세 : 머리, 몸통, 손발을 분명히 구분한다.

④ 5세 : 찰흙덩이에서 떼어내어 손, 발, 머리를 만들고 몸통에 발을 붙인다.

2.3 Schirmacher의 단계

Schirmacher(1998)의 찰흙활동 발달단계 이론을 기초로 하고 실제 80명의 영유아를 대상으로 한 연령별 찰흙과 밀가루 점토활동 결과물의 특징(이민경, 1993)을 기초로 발달단계를 살펴보면 다음과 같다.

1 탐색 단계(2세)

찰흙(도자기 흙)으로 활동을 할 수 있는 연령은 최하 2세 정도가 되어야 안전하게 활동을 할 수 있다. 하지만 밀가루 점토로는 2세 이전에도 충분히 가능하다. 이 시기에는 찰흙이나 밀가루 점토로 무엇을 만들기보다는 장난감과 같은 역할을 하면서 두드려 보고, 눌러보고, 밟아 보고, 잡아떼어 보면서 노는 단계이다. 밀가루 점토인 경우 이 단계의 영유아들은 거의 매일 주어도 재미있게 가지고 놀 수 있다.

2 모색단계(3세)

3세 정도가 되면 찰흙이나 밀가루 점토로 무엇을 만들 것인지에 대한 계획 없이 무작정 가지고 놀다가 우연히 만들어진 단순한 모양에 이름을 붙이고 같은 모양을 여러 개 만든다.

3 제작단계(4세)

4세 정도가 되면서 전 단계에 비하여 좀 더 복잡한 작품이 나타나기 시작한다. 또한 입체적이지만 평면적 입체 작품의 모양을 하고 있다. 즉 그림을 그리듯이 서있는 형태가 아닌 주로 바닥에 누워있는 형태로 찰흙활동이 나타난다.

4 계획하여 제작하는 단계(5세)

5세가 되면 찰흙이나 밀가루 점토로 처음부터 무엇을 만들 것인지 계획을 한 다음에 활동에 들어가게 된다. 평면적 입체작과 더불어 서있는 형태의 사실적 입체작품을 더 많이 만들게 되고, 다양한 색깔의 밀가루 점토를 이용하여 극놀이에 필요한 소품을 직접 만들어 활용하기도 한다.

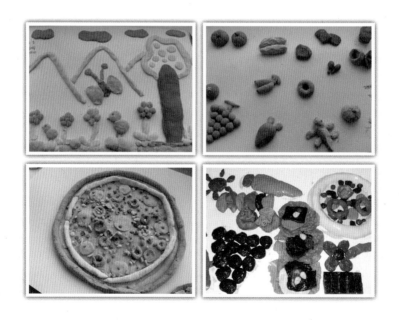

성인과는 다르게 영유아들의 그림에는 일반적으로 그들만의 독특한 형태를 나타낸다. 대표적인 표현 특성은 다음과 같다.

3.1 인물의 두족표현

영유아가 처음 사람을 표현할 때 보통 머리에서 직접 다리가 나오는 형태로 시작된다. 이러한 것을 두족인(頭足人)이라하며, 두족 표현이라고 한다. 영유아가 성인으로부터 그리는 방법을 배우지 않고서도 자연히 이러한 형을 그린다는 것은 인간의 발달상으로 볼 때 하나의 신비라고 할 수 있다. 영유아가 원형으로 얼굴을 표시하며 원형 아래로 두 개의 직선이 나타난다. 이 두 개의 선이 다리가 되며 횡선으로 표현할 때는 손이 된다(이정환, 2002). 즉 초기에는 긁적거리다가 생긴 원형에 눈·입을 그리다가 원형에

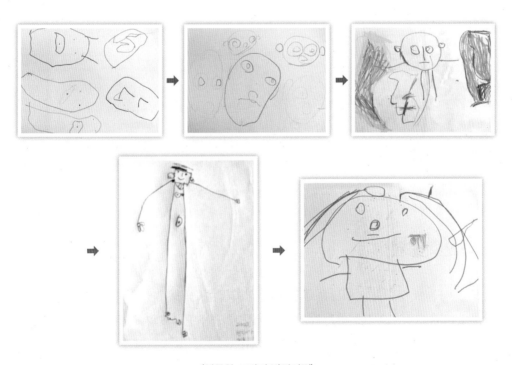

〈인물화 그리기 발달과정〉

직선을 2개를 그어서 머리와 다리만 있는 사람을 그린다. 그리고 점차 분화되어 몸통과 팔을 그리며 팔의 위치를 처음에는 머리에 그리다가 몸체에 그리며, 팔과 다리도 초기에는 선으로 그리다가 점차 면으로 표현한다(이숙재외, 2000). 이런 형태의 그림은 비례감각과 신체 각 부분의 크기에 대한 인식이 아직 발달하지 못하였음에 기인한다. 신체 부분에 대한 비례감각이 발달함에 따라 팔이 자연스럽게 몸통에서 연결이 되므로 가분수 형태의 사람을 그리는 영유아에게 억지로 팔이 몸통에서 나오도록 고치려고 하지 않아도 된다(박은덕, 2003).

3.2 도식적 표현

만 2세 반 정도부터 난화가 일정한 형태를 지닌 그림으로 발전하면서 2-3세에 이르러 도형을 그리기 시작하며 가장 먼저 그리는 기하학적 도형은 원이며, 다음이 사각형, 삼각형이라고 하였으며(Kellogg), 원, 사각형, 삼각형, 마름모순으로 도형을 그린다고 하였다(Piget). 처음 사람을 그릴 때 몸통을 원으로 표현하다가 차츰 사각형으로 그리며 조금 더 발전하여 치마를 의미하는 삼각형 형태가 나타나기 시작한다. 집 그림 또한 처음에는 지붕을 삼각형으로 그리나 이후에는 더 복잡한 형태인 사다리꼴로 그리게 된다.(박은덕, 2003)

〈집 그림 그리기 발달과정〉

3.3 의인화 표현

모든 사물에 생명을 불어넣는 물활론적 사고를 하는 유아의 특성으로 인해 자신의 감정에 따라 그림으로 표현하는 대상에게 기쁨과 슬픔 등 사람의 모습처럼 표정을 그려 넣는다. 영유아의 그림에서 가장 흔히 발견되는 것으로 꽃, 해, 달, 구름, 동물, 나무 등에 사람얼굴의 표정을 그려 넣고 정말 살아있다고 생각한다.

3.4 기저선 사용

영유아의 입장에서 공간의 지각을 나타내는 하나의 방법으로 지표면을 의미하는 선을 그림으로써 공간의 경계를 만들고 공간에 대한 질서를 부여하는 것이다. 즉 영유아의 그림에서 기저 선은 하늘과 땅을 갈라놓는 경계선을 의미한다고 할 수 있다. 도화지 밑면을 기저 선으로 사용하거나 도화지 아랫부분에 선을 그어 땅을 나타내고 그 선위에 사람, 꽃, 나무, 집 등을 그려서 아래와 위의 공간관계를 표현한다.

3.5 투시적 표현

영유아들은 자기중심적인 관찰에서 비롯된 비논리적인 표현을 하므로 그림을 그릴 때 객관적이고 시각적인 사실을 표현하지 못한다. 직관적이고 지각적인 측면에서 표현하기 때문에 원근법, 시각적인 통일성이 있는 표현이 불가능하다. 그래서 크기의 비례는 상대적이며 물체와 물체와의 관계도 결여되어 있고 보이지 않는 부분도 모두 표현하는 X-Ray 식 그림이 나타난다(이정환, 2002). 집을 그려도 집 내부의 전등, 책상, 장롱,

심지어 앉아서 텔레비전을 보고 있는 식구들까지도 그린다. 사람을 그릴 때는 겉모양도 그리고 배꼽이나 호주머니 속에 든 물건까지 모두 그린다. 이것은 외형의 정확한 표현보다도 더 중요하다는 관념적 사고가 지배하고 있기 때문에 나타나는 현상이다.

아래 그림은 구급차의 안과 밖에 있는 바퀴, 문, 사인볼, 침대, 링겔, 할아버지를 그려서 할아버지가 구급차를 타고 병원으로 가는 모습을 그렸다.

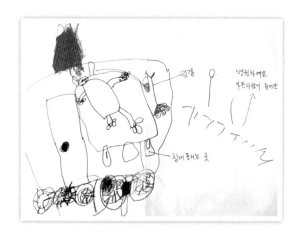

3.6 공간의 동시성

시점이 고정된 것이 아니라 시점을 이동하여 편의에 따라 여러 방향의 시점을 표현하는 것으로 실제 대상의 입체성을 무시하고 그 기능을 잃지 않도록 한 공간에 자유롭게 표현함으로써 영유아만의 재미있고 풍성한 그림을 표현한다. 각각의 사물을 그릴 때 영유아 스스로가 시점을 이동하여 그리기 쉬운 방향, 혹은 그 사물의 특징을 가장 잘 나

타내 주는 방향에서 본 형태로 변형하여 그리는 현상을 나타내는 것으로 이렇게 그리는 이유는 전체를 한꺼번에 한 시점에서 보고 그리기 어렵기 때문이다. 연못에서 헤엄치는 물고기를 그릴 때 처음에는 둥근 연못을 그린다. 이것은 위에서 본 것을 그린다. 그러나 물속의 물고기는 앞면에서 본 것을 그리며, 거북이는 다시 위에서 본 것, 연못 주위에 피어있는 꽃이나 나무는 앞면에서 본 것을 그린다. 이러한 그림의 특징은 유아의 그림에서만 나타나는 것이 아니라 고대 이집트의 그림이나, 피카소의 그림, 그리고 성인의 그림에서도 흔히 나타난다.

3.7 자의적 변형 표현

영유아가 생각하기에 중요하거나, 의미 있는 것, 행동을 취하고 있는 부분은 크게 과장해서 표현하고, 별 의미 없는 부분은 작게 그리거나 아예 그리지 않는 경향을 말한다. 이는 유아의 관심과 흥미에 따라 대상의 비례와 관계의 크기에 관계없이 특정 부분이 과장되거나 축소되어 표현되는 것으로 논리적으로 잘못된 그림이 아니라 유아의 주관적 사고의 한 표현 방법이다. 가족 중에서 나에게 가장 영향을 미치는 엄마는 크게 과장하여 그리며 많은 시간을 보내지 못하는 아빠의 경우 작게 그리거나 그리지 않는 경우, 글을 쓰고 있는 언니의 오른손은 크게 그린 반면 글을 쓰지 않는 손은 작게 그린다.

아래 그림처럼 처음부터 의도적으로 대상의 크기에 맞는 공간 배열을 생각하지 못하므로 나머지 여백에 머리보다 작은 몸과 팔다리, 몸보다 더 긴 다리를 그리기도 한다. 또한 집은 앞면, 교통기관은 옆면, 나무는 앞면, 동물의 머리는 앞, 몸은 옆모습을 주로 그린다.

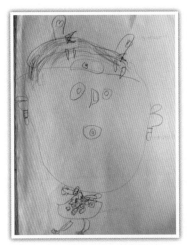

3.8 반복적 표현

똑같은 것을 나열하여 패턴화 된 것처럼 보인다. 같은 모양을 반복하여 표현하는데 특히 남아보다 여아에게서 이러한 현상이 잘 발견된다. 자기에게 관심 있는 대상을 반복적으로 한 화면 안에 그리는 특징으로 (오연주외, 2002) 공주를 그리고 옷이나 주변에 리본이나 꽃 등을 반복하여 나열하여 그린다.

3.9 직각적 표현

영유아는 그림에서 두 부분간의 가장 큰 대조를 이루는 각도를 사용하여 사물의 형태를 표현함으로써 자신을 만족시켜 주는 질서에 대한 욕구를 나타내고자 한다. 이러한 욕구의 자연적 표현으로 기저선이 수평이 아닐 때에도 사물이 기저선에 90도 각도로 서 있는 형태로 그림을 그리게 되며, 이에 따라 경사면에 직각이 되게 물체를 그리는 현상이 나타나게 된다. 이와같이 중력을 무시하고 물체를 기저선에 수직으로 그리는 것을 '직각성의 실수'라고 한다(박은덕, 2003). 산에 있는 나무들이나 지붕에 있는 굴뚝도 모두 기저선에 수직으로 서있는 것처럼 비스듬히 그린다.

3.10 전개도식표현

　　전개도식표현(folding over)은 주관적인 공간 표현의 한 형태로서 사물을 거꾸로 혹은 옆으로 그릴 때에도 기저선에 대하여 수직으로 그리는 것으로 기저선을 따라 종이를 접어 보면 그 장면의 원래 모습을 알게 되는 형태의 그림이다. 영유아의 주관적인 경험에 따라 사물의 상하좌우를 모두 그리고 싶어 하는 시기에 나타나는 표현양식으로 자신이 풍경의 중앙에 있어 왼쪽, 오른쪽, 혹은 위, 아래를 다 본 것처럼 모든 방향에서 접근하며 그림을 그린다(박은덕, 2003). 길가 양쪽에 서있는 나무를 모두 그리기 위해 가운데 길이 있고 양쪽으로 누워있는 것 같은 나무를 그린다.

3.11 색체사용

　　영유아 초기에는 색채 선택을 무의식적으로 한다. 즉 가까이 놓인 크레파스를 집어 들거나 자기 마음에 드는 색깔 한 두 가지로 그림을 그린다. 5-6세가 되어서야 실물의 색상을 고려해서 색칠을 한다(이숙재 외, 2002).

영유아미술활동을 위한 교사의 역할

CHAPTER 3

CONTENTS

1. 영유아미술활동을 위한 교육적인 환경구성
2. 영유아미술활동을 위한 재료의 이해와 준비
3. 영유아미술활동 지도를 위한 교수학습방법의 이해

영유아가 미술활동에 적극적이고 능동적으로 참여하여 효과적인 미술교육이 되기 위해서는 환경조성이 매우 중요하다. 영아들은 발달적인 개인차가 크기 때문에 점차 성장함에 따라 발달적 특성에 의하여 영역구성이 달라진다. 12개월 이하에서는 따로 구성되지 못하며, 13-24개월 시기에는 대부분 창의영역으로 분리하는데 이 영역 안에 상상놀이와 미술영역이 함께 이루어지고 있다. 25개월이 지나면서 독립적인 그리기, 만들기 영역을 구성할 수 있게 된다(김혜경 외, 2002).

미술영역은 영유아들이 편안하게 활동 할 수 있도록 충분히 넓어야 하며, 물로 닦을 수 있는 작업용 책상이나 마루, 씽크대, 재료 보관장을 설치하고, 밝고 혼잡하지 않은 곳에 설치해야 한다. 재료장은 영유아가 쉽게 재료를 꺼내 쓸 수 있게 눈높이에 맞고 효율적으로 구분해서 활용하고 정돈할 수 있게 설계한 것이 좋다. 미술영역에 기본적으로 구비해야 하는 크레파스, 색연필, 종이류, 가위, 풀 색종이 등 다양한 미술자료를 정리할 수 있는 정리장과 다양한 크기와 종류별로 정리 가능한 폐품 정리장 그리고 전시 및 건조를 위한 빨래 줄이나 작품 게시판을 마련한다. 게시판에는 작업 순서나 방법을 게시하면 스스로 보고 활동 할 수 있다.

또한 미술영역의 벽면에는 명화나 그림엽서, 달력그림, 전시회 팔플릿, 미술관 입장권 등의 그림이나 사진을 붙여 주어 미술영역의 분위기가 나도록 꾸민다.

〈미술 영역〉

미술활동시간이 다양하고 창의적이며 예술적 흥미를 북돋우기 위해서는 다양한 미술매체를 자유롭게 사용하고 매체가 가진 가능성을 실험할 수 있는 환경이 중요하다. 즉 영유아 개개인의 요구에 가장 적합한 매체를 선택할 수 있도록 다양한 재료와 활동을 제공할 때 자연스런 창의적 동기를 갖게 된다.

영유아를 위하여 아무리 좋은 재료일지라도 사전에 반드시 유독성 여부를 확인한 후에 제시하여야 하며, 영유아 혼자 사용하기에 위험한 재료 즉 본드, 핀, 색모래, 스태플러, 송곳 등은 반드시 교사와 함께 사용하여야 하며, 발달 특성상 사용 가능한 미술도구가 한정되어 있으므로 연령별로 발달에 적합한 재료를 내주어 흥미 있게 미술활동에 참여할 수 있도록 배려해야 한다.

미술영역에 제시된 재료는 미술활동에 기본적으로 필요한 기본재료와 주제에 따라 일별, 주별로 제공된 재료들이 있다.

1 기본재료

- **활동 기본도구** : 장판 샘플이나 비닐을 활용한 개인용 비닐 장판, 작업 앞치마, 넓은 쟁반, 위생장갑, 물수건이나 물 티슈, 젖은 화장지가 담긴 그릇, 수건 등.

- **그리기 재료** : 크레파스, 분말물감, 수채화물감, 포스터 물감, 템페라 물감, 마아블링 물감, 색연필, 굵은 싸인펜(수성과 유성), 매직, 색깔 풀, 파스텔, 치약, 분필, 숯, 붓, 스폰지, 면봉 등.

- **접착 및 연결재료** : 물풀, 딱 풀, 밀가루 풀, 본드, 스테플러, 이쑤시개, 핀, 클립, 유리테이프, 마스킹 테이프, 색지테이프 등.

- **종이재료** : 도화지, 모조지, 켄트지, 마분지, 공판지, 모래종이, 색지, 한지, 하드보드지, 마닐라지, 소포지, 아세테이트지, 셀로판지 은박지, 기름종이, 벽지, 잡지, 신문지, 화장지, 골판지, 포장지, 다양한 종류의 봉투, 쇼핑백종이, 달력 등 재질과 모양과 크기가 다른 종이류.

- 음식재료 : 밀가루, 소금, 전분, 오트밀, 쌀, 식용유, 식용색소, 국수, 스파게티 국수, 파스타, 마카로니 등.
- 입체 활동 구성 재료 : 천 조각, 솔방울, 나뭇잎, 나뭇가지, 스티로폼, 우드락, 우유곽, 요쿠르트병, 모든 종류의 상자, 단추, 뽕뽕이, 종이컵, 스트로우, 털실, 솜.
- 자르거나 뚫기 재료 : 가위, 펀치, 송곳, 못.

2 일상용품 및 폐품수집 장소

- 지물포 : 장판 샘플, 벽지 샘플
- 사진관 : 커다란 청사진
- 인쇄소 : 팜플릿, 종이 조각
- 아이스크림 가게 : 커다란 둥근 판지, 아이스막대, 플라스틱 용기
- 양장점, 양복점, 한복집 : 헝겊조각, 단추, 실패, 천 샘플
- 목재소 : 톱밥, 나무 조각
- 슈퍼마켓 : 빈 상자, 빈병, 스티로폼 용기
- 세탁소 : 철사 옷걸이, 옷 덮개 비닐, 실패
- 가정 : 계란판, 우유곽, 우유병, 상자, 요구르트병

〈정리된 일상용품 및 폐품수집 공간〉

3 점토재료

　찰흙은 만지는 대로 모형이 이루어지기 때문에 영유아에게 성취감과 만족감을 쉽게 얻을 수 있게 해주고 감각적으로 포근한 감을 주어 영유아가 마음껏 상상력과 창의력을 펼 수 있는 재료이다. 영유아는 찰흙을 가지고 주무르고, 굴리고, 짓이기고, 손가락으로 꾹 찔러보고, 냄새도 맡으면서 원시적인 쾌감을 느끼면서 만족해한다. 이러한 감각적인 활동 속에서 점차적으로 어떤 형태를 표현할 수 있는 단계로 발전하게 된다(오정현, 1987).

　찰흙의 종류에는 흙, 밀가루, 종이, 고무 찰흙, 톱밥 등 다양한 종류들이 많이 있다(한기정. 1997). 그 중 영유아에게 가장 많이 활용되고 있고 발달에 적합한 재료는 밀가루 점토라고 할 수 있다. 부드럽고 유연한 밀가루 점토는 깨끗하고 친밀감이 있으며 어떤 연령의 영유아들도 좋아하는 매력 있는 재료이다. 다양한 점토 만드는 법을 살펴보면 다음과 같다(조봉매, 1999)

[밀가루 점토]

① 밀가루 2컵, 물 반 컵, 소금 1컵, 식용유 4/1컵, 식용색소를 넣어 만드는 방법.

② 밀가루 2컵, 소금 1컵, 식용유 4/1컵, 천연물감(당근 즙, 시금치 즙, 오이 즙, 늙은 호박 즙, 순무 즙, 붉은 양배추 즙, 오렌지 즙, 포도 즙, 커피 물, 녹차 물 등)을 넣어 만들 수 있다. 사용하지 않은 때는 공기가 들어가지 않도록 위생 팩이나 지퍼 팩에 넣어 냉장고에 보관한다.

[밀가루 풀]

밀가루 3컵, 물 3컵, 소금2/1컵, 식용유 5/1컵, 식용색소나 템페라 물감을 잘 섞고 중간 불에서 계속 덩어리가 없게 저으면서 끓인다. 찰흙처럼 되직하면 차갑게 식힌다. 사용하지 않을 때는 뚜껑이 있는 용기에 보관한다.

[소금 밀가루 점토]

소금 3컵, 물 1컵, 밀가루 3컵, 식용색소나 천연물감 또는 템페라 물감을 충분히 섞어서 풀 반죽을 만든다.

[**톱밥 점토**]

톱밥 1컵, 밀가루 풀 반 컵, 물 반 컵을 함께 섞어서 부드러운 반죽 혼합물로 만든다. 풀에 톱밥을 넣어 만든 톱밥 점토는 다양한 질감을 표현할 수 있다.

[**종이 점토**]

잘게 찢은 신문을 하루 동안 물에 담가둔 뒤, 물을 짜내고 밀가루 풀과 식용유, 소금을 넣고 신문지가 유연하게 될 때까지 찧는다. 금이 잘 가지 않고 쉽게 부서지지 않는 특성이 있다.

| 수수 점토 | 소금 점토 | 톱밥 점토 | 보라색양배추점토 | 녹차물 점토 | 오이즙 점토 |

| 커피물 점토 | 당근즙 점토 | 시금치즙 점토 | 호박즙 점토 | 홍차물 점토 | 조 점토 |

| 검은콩 점토 | 팥 점토 | 검은깨 점토 | 옥수수 점토 | 쌀 점토 | 흑미 점토 |

〈밀가루 점토의 종류〉

3 영유아미술활동 지도를 위한 교수학습방법의 이해

3.1 영유아미술활동의 지도방향

영유아교육의 하루 일과 중에 미술활동이 차지하는 비율은 매우 높다고 할 수 있다. 영유아들은 미술활동을 통하여 자신의 생각과 느낌을 표현하는 하나의 의사소통의 수단으로 활동하기 때문이다. 그러므로 통합된 주제 활동에서 주제에 대한 유아의 생각과 느낌을 표현하고 놀이 활동을 전개하는 중요한 매개적 소품들이 미술활동을 통해 제작될 수 있기 때문이다. 그러나 조기교육과 특기교육에 대한 부모들의 과다한 교육열기와 유아미술교육의 이해 부족으로 전체 유아교육과정 안에서 통합적으로 이루어지지 않고 특기 교육의 일환으로 실시되는 경우가 많다. 또한 일부 교사들 역시 과정중심 보다는 결과중심 위주의 미술교육으로 발달에 적합하지 않는 교육내용 제시로 인하여 영유아 미술활동이 바람직하게 이루어지지 못하고 있는 곳이 많은 실정이다. 바람직한 영유아 미술활동의 지도방향을 살펴보면 다음과 같다.

> 미술교과교육이 아니라 통합교과교육으로 교육한다.

미술 교과 영역이나 영역내의 특수 내용만을 강조하는 것은 영유아를 위한 발달에 적합한 실제에 위배되므로 모든 교과영역을 통합적으로 다루면서 각 교과영역내의 내용들이 모두 다루어지도록 유의해야 한다. 즉 미술교육이 교과로 분리되어 특기교육의 일환으로 다루어지는 것이 아니라 다른 교과 영역과 서로 연결되어 통합교과로 다루어져야 한다.

> 표현활동과 감상활동이 균형을 이룬다.

그 동안 미술활동이 표현활동에 치우쳤다고 해도 과언은 아니다. 교육의 시대적 변화에 맞추어 영유아의 작품, 명화, 자연물 등을 바르게 이해하고 감상할 수 있도록 교육과정을 구성하고 지도해서 미적 능력을 개발해야 한다.

> 미술활동에 대한 다양한 동기유발과 다양한 매체사용이 필요하다.

 영유아는 견학, 물체 탐색 및 조작, 실험, 동식물 기르기, 책읽기, 글로쓰기, 표현 활동 등 다양한 경험을 통해 사물과 인물에 대해 보다 더 구체적으로 개념을 형성하며 상황을 파악 할 수 있는 기회를 갖는다. 즉 영유아를 위한 미술활동을 하기 전에 활동과 관련된 다양하고 구체적인 동기유발은 영유아 미술활동을 더욱 풍부하고 창의적이며 의미가 부여된 활동으로 이끌 수 있게 된다.

 예를 들어 레지오 에밀리아 프로그램에서 미술적 표현으로 초등학교 1학년을 대상으로 '새 친구'라는 주제로 그림그리기를 한 결과 단순히 '새 친구'라는 주제로 그림을 그리자고 활동이 제시된 집단 보다 '새 친구'라는 소주제로 여러 활동(친구이름 넣어 노래 부르기, 동시감상, 거울보고 생김새에 대해 이야기하기 등)을 한 뒤 그림을 그린 집단이 다양성, 세부적 묘사, 색채사용 등에서 뛰어났다. '꽃', '집'이라는 주제로 꽃 그리기와 집 만들기를 하였을 때 관련활동 제공 없이 단순히 그리기, 만들기를 한 집단보다 통합적 접근에 의해 여러 활동을 한 후 그리기와 만들기를 실시한 집단이 창의적 사고, 호기심과 흥미, 작업 수행능력, 몰입 정도, 재료사용의 다양성, 세부적 묘사 등에서 보다 뛰어났다고 제시하고 있다(이영자, 1998).

> 미술활동이 발달에 적합했을 때 성공적이며 효과적인 활동이 된다.

 미술활동의 내용이 아무리 재미있고, 결과가 성공적이었다 하더라도 영유아의 발달 수준을 고려하여 계획하고 실행되지 않았다면 영유아에게 의미 없는 활동이 될 것이며, 미술활동을 통한 학습의 효과가 일어날 수 없으므로 각 영유아의 개별적인 능력과 전체 영유아의 전반적인 발달 수준에 따라 미술활동 및 자료, 도구 등의 난이도를 조정하여 활동하여야 한다.

3.2 영유아의 미술활동을 위한 교수학습방법 유형

1 교사 주도적 교수방법

활동의 종류에 따라 활동방법을 직접보고 배울 때 효과적일 때가 있다. 새로운 재료의 사용방법이나 새로운 주제를 처음으로 소개할 때는 유아가 충분히 이해할 수 있도록 적절한 설명과 함께 제작과정에 대한 시범을 보이는 것이 필요하다. 유아가 새로운 작품을 만드는 과정에 대하여 듣고 어떻게 그것이 가능한지를 이해하게 되어야만 자신감을 가지고 스스로의 창의성을 발휘할 수 있는 동기를 부여받기 때문이다(박은덕, 1998). 순서도를 통한 색종이 접기와 같은 경우에는 유아 스스로 발견하게 하거나 일련의 질문을 통해 이해를 도모하기 보다는 모방에 의한 교수방법이 효과적일수 있다. 이때 교사는 유아들이 무엇을 언제 어떻게 해야 하는지를 분명히 안내해 주어야 한다.

② 유아 주도적 교수방법

유아 주도적 교수방법은 교사 주도적 교수방법과는 정반대로 교사는 유아가 어떤 활동을 할 것인지 격려 하여 유아들이 자유롭게 선택하여 원하는 것을 표현하도록 하는 방법이다.

즉 이 방법은 유아들이 주어진 과제에 대해 실험하고 관찰하고 평가함으로써 스스로 해결책을 탐색하게 하는 방법이다. 유아들은 문제해결 과정에서 다른 사람과는 다른 다양한 방법을 찾아내려고 시도하는 가운데 새롭고도 독특한 방법을 고안해 낼 것이다. 이러한 방법은 아이디어가 풍부한 유아들에게는 긍정적인 효과를 거둘 수 있으나 경우에 따라 유아들이 당황하고 부담스러워하며 싫증을 낼 수 있다. 따라서 교사는 유아들의 아이디어나 생각에 대해 수용적인 자세를 보임으로써 개방적인 분위기를 조성하여 유아들이 자신감을 가지고 자신의 생각을 마음껏 표현 할 수 있도록 해야 한다(유혜숙, 2001).

③ 교사 안내적 교수방법

유아 자신의 의견을 존중하면서 교사가 적절하게 방향을 제시해 주는 방법이다. 이교수방법은 교사가 유아들의 수준이나 능력을 고려하여 자료를 준비해 주고 상호작용함으로써 유아들이 발견에 이르도록 안내하고 촉진하는 방법이다. 작업하는 동안 교사는 유아들이 무엇을 어떻게 하고 있는지, 어떤 친구와 같이 작업하는지, 유아가 활동을좋아하는지, 자신감을 갖고 활동하는지, 활동이 유아에게 적합한지 등을 계속 관찰하며, 안내하고 촉진하는 방법으로써 '비계설정'이란 용어로 사용되고 있다. 교사의 가장중요한 역할은 유아들의 학습에 민감하게 반응하며 적절하게 비계를 설정해 주기 위해노력하는 것이다.

미술활동에서 교사의 비계설정 유형은 다음과 같다(유혜숙. 2001).

- 교사가 주제를 제시한다. 주제는 주어지지만 유아는 특별한 지시 없이 자유롭게 재료를 선택한다.
- 새로운 재료를 제공하고 소개한다.
- 유아의 활동을 확장시켜주며 새로운 기술을 제시한다.
- 문제를 제기한다. 즉 유아들의 사고를 확장시킬 수 있는 질문을 한다.
- 미술활동을 다른 활동으로 확장시킨다.

④ 개념위주 교수방법

미술교육의 특성 중 가장 핵심적인 것은 창의성을 다루는 교육이라 할 수 있다. 그러므로 교사는 그림의 소재, 색채, 형태, 재료, 순서, 화면구도가 항상 같고 반복적이며 상식적으로 틀에 박힌 듯 한 표현특징으로 영유아의 그림을 개념화하면 안 된다. 영유아의 그림을 개념화 하는 데 몇 가지 요인을 살펴보면 다음과 같다(박화윤, 2003).

- 모사하기 : 성인이나 친구의 그림을 모사하게 하거나 원작 그림과 조금도 틀리지 않도록 요구하는 것은 좋지 않다.
- 인쇄된 종이에 색칠하기 : 본보기나 견본을 제시하여 색칠하는 작업은 기계적으로 되기 쉽고 창의적 표현 능력은 감퇴된다.
- 모양을 가르치기 : 형태를 공식처럼 개념적으로 유아에게 집어 넣어주는 것은 창의성을 저해한다. 스스로 찾아 자기가 만든 형태라야 한다.
- 기술을 가르치기 : 색의 선택 및 칠하기, 원근법, 비율 따위의 기술은 가르치지 않는 것이 좋다. 가르쳐 주면 자기의 감동으로 만든 형체를 그리지 않고 가르쳐준 것에 따라 그리려고 하기 때문에 자기의 표현이 되지 않을 우려가 있다.
- 실물 그대로 그리기 : 유아에게는 어려운 일이다. 발생적이고 창조적인 그리기는 개념적으로 되지도 않으며 실물 그대로 그리기를 강요하면 영유아의 그림은 개념적 그림으로 되어간다.

어린소년

어린 소년이 어느 날 학교에 입학했다.
그는 정말 어린 소년이었다.
그리고 학교는 소년에 비해 무척 컸다.
하지만 정문을 지나면 곧바로
자기의 교실이 나타난다는 것을 알고
어린 소년은 행복했다.
학교는 이제 처음처럼
그렇게 크게 느껴지지 않았다.

어느 날 아침, 어린 소년이 수업을 받고 있을 때
선생님이 말씀하셨다.
"여러분, 오늘은 그림 공부를 하겠어요."

'좋은데'하고 어린 소년은 생각했다.
소년은 그림 그리기를 좋아했다.
사자와 호랑이, 닭과 송아지, 기차와 배
소년은 크레용 상자를 꺼내
그것들을 그리기 시작했다.

그러나 선생님은 말씀하셨다.
"기다려요! 아직 시작하면 안 돼요."
선생님은 다른 학생들이 준비가 될 때까지
기다리게 했다.

"자, 그럼 오늘은 꽃을 그리겠어요."
이윽고 선생님은 말씀하셨다.
'좋은데' 하고 어린 소년은 생각했다.
소년은 꽃 그리는 걸 좋아했다.
그래서 분홍색과 노란색과 파란색 크레용으로
아름다운 꽃들을 그리기 시작했다.

그러나 선생님은 말씀하셨다.
"기다려요! 내가 여러분에게 어떻게 그리는지
가르쳐 주겠어요."
선생님은 칠판에다 꽃 한 송이를 그렸다.

그것은 초록색 줄기를 가진 빨간색 꽃이었다.
선생님은 말씀하셨다.
"자, 이제 시작해도 좋아요."

어린 소년은 선생님이 그린 꽃을 바라보았다.
그리고 자기가 그린 꽃도 바라보았다.
소년은 선생님이 그린 것보다 자기 것이 더
좋았다.

그러나 어린 소년은 아무 말도 하지 않고 새
종이를 꺼내
선생님이 시범을 보인 것과 똑같은 꽃을 그렸다.
초록색 줄기를 가진 빨간색 꽃이었다.
다음 날 아침 어린 소년이
정문을 지나면 곧바로 나타나는 교실 문을 열고
들어갔을 때
선생님께서 말씀하셨다.
"여러분, 오늘은 찰흙으로 뭔가를 만들어
보겠어요."
'좋은데!' 하고 어린 소년은 생각했다.
소년은 찰흙을 갖고 노는 것을 좋아했다.

소년은 찰흙으로 온갖 것을 만들 수 있었다.
눈사람과 아프리카 뱀, 코끼리와 생쥐, 자동차와
덤프트럭.

소년은 찰흙을 공처럼 만들어 길게 잡아 늘이기도
하고
손바닥으로 둥글게 말기도 했다.

그러나 선생님은 말씀하셨다
"기다려요! 아직 시작할 때가 아니에요."
선생님은 모든 학생들이 준비될 때까지 기다렸다.

"자, 그럼 오늘은 접시를 만들어 보겠어요."
이윽고 선생님은 말씀하셨다.
'좋은데'하고 어린 소년은 생각했다.
그래서 소년은 여러 가지 모양과 크기를 가진
접시들을 만들기 시작했다.

그러나 선생님은 말씀하셨다.
"기다려요! 어떻게 만드는 건지 내가 보여
주겠어요."
그리고 나서 선생님은 모두에게
바닥이 깊은 접시 하나를 만드는 법을 보여
주었다.
선생님은 말씀하셨다.
"자, 이제 시작해도 좋아요."

어린 소년은 선생님이 만든 접시를 바라보고
또 자신이 만든 접시를 바라보았다.
소년은 선생님이 만든 것보다 자기 접시들이 더
좋았다.
그러나 어린 소년은 아무 말 없이
찰흙을 다시 둥근 공처럼 뭉쳐서
선생님 것과 똑같은 접시를 만들었다.
그것은 바닥이 깊은 접시였다.

머지 않아 어린 소년은
기다리는 법과
지켜보는 법과
선생님과 또같은 것을 만드는 법을 배웠다.
그리고 머지않아서 소년은
더 이상 자신의 것을 만들 수 없게 되었다.

그러다가 어린 소년의 식구들은
다른 도시에 있는 다른 집으로 이사를 가게
되었다.
그래서 어린 소년은 다른 학교에 다녀야만 했다.
이 학교는 전의 학교보다
훨씬 더 큰 학교였다.
그리고 정문에서 곧장 교실을 향해 걸어갈 수도
없었다.
긴 복도를 한참 걸어가야
자기의 교실로 들어갈 수 있었다.

첫째 날 선생님이 말씀하셨다.
"여러분, 오늘 우리는 그림을 그려 보겠어요."

'좋은데'하고 어린 소년은 생각했다.
그리고 나서 소년은
선생님이 어떻게 그리라고 말 할 때까지 기다리고
있었다.

그러나 그 선생님은 아무 말도 없으셨다.
그냥 교실 안을 걸어다니기만 하셨다.

어린 소년이 앉아 있는 자리까지 오셨을 때
선생님이 물으셨다.
"넌 그림을 그리고 싶지 않니?"
어린 소년이 말했다.
"그리고 싶어요, 그런데 무슨 그림을 그릴 거죠?"
그러자 선생님이 말씀하셨다.
"무슨 그림을 그리는가는 너한테 달렸지."
"어떻게 그리죠?"
"아무색이나 칠하렴."
그리고 나서 선생님은 말씀하셨다.
"만일 모든 사람이 똑같은 그림을 그리고
똑같은 색을 칠한다면
그것이 누구의 그림인지 어떻게 알 수 있겠니?"
"네, 알 수 없어요." 하고 어린 소년은 대답했다.

그래서 어린 소년은
분홍색과 노란색과 파란색 꽃을 그리기 시작했다.

어린 소년은 새 학교가 좋았다.
정문을 지나면 곧장 교실이 나타나지 않는다
해도.

<영혼을 위한 닭고기 스프 中 어린 소년>
헬렌버클리

3.3 미술활동 유형에 따른 지도 방법

1 미술영역 중심의 개별 활동의 지도

미술영역 중심의 개별 활동이란 유아들이 영역에 마련된 다양한 재료를 이용하여 자유롭게 그리거나 만들기도 하고 교사가 특정한 활동을 계획하여 유아들이 참여하도록 이끌기도 한다. 교사가 특정 활동을 계획할 경우 직접 설명해 주거나 '미술활동 순서표'를 만들어 유아들이 잘 볼 수 있는 곳에 배치해 줄 수 있다. 또한 미술활동이 소꿉영역이나, 블록영역과 연결될 수 있도록 안내해 주며, 작품이 완성되었을 때는 이름이나 내용을 써주고 전시할 수 있는 공간을 마련해준다. 그리고 활동이 끝난 다음에는 유아스스로 정리할 수 있도록 한 다음 교사가 확인한다.

2 소집단과 대집단 활동의 지도

일과활동 중 미술활동을 계획하여 소집단 또는 대집단으로 교사가 중심이 되어 하는 활동을 말한다. 교사는 대집단 활동일 지라도 모든 유아에게 모든 활동을 모두 같은 재료로 활동하기를 요구하기 보다는 같은 주제일 지라도 2-3 또는 그룹별로 다른 방법으로 활동을 하도록 유도하는 것이 바람직하다. 예를 들어 '엽서 꾸미기'를 하더라도 크레파스, 색 모래, 자연물 등으로 선택해서 꾸밀 수 있도록 다양한 재료를 준비해 준다.

3.4 미술표현활동과정과 지도방법

1 탐색활동 및 동기유발 과정

영유아들이 사물의 특징을 명확히 파악하고 사건의 핵심을 잘 아는 것이 창의적 활동의 시작이다. 어떤 사물의 특징을 잘 파악하기 위해서는 관련된 다양한 경험을 하는 것이 중요하다. 그러나 영유아들의 경험은 교사의 적절한 안내가 있을 때 그 효과를 거둘 수 있다. 즉 교사는 끊임없는 호기심을 가지고 사물을 관찰하고, 느끼고 생각하도록 반응을 해 주어야 한다.

'비오는 날'에 대한 그림을 그리기 위해 교사는 비오는 날 유아들을 장화를 신고, 우산을 쓰고, 비옷을 입고 밖으로 나가게 하였다. 빗물 웅덩이를 찾아 살펴보고 발로 밟아보고, 우산 밖으로 손을 내밀어 비를 만져보고, 우산으로 떨어지는 비소리를 들어보게 하고...... 다음에 교실로 들어와 비오는 날에 관한 그림을 그리게 하였다.

'옛날 사람들이 입는 옷'을 그려보기 위해 드라마 사극에 등장하는 많은 아역배우들의 장면을 녹화하여 시청하게 한 후 그림을 그리게 함으로써 옛날사람들이 입는 옷들의 다양한 모양과 색깔, 모자 등을 그리게 되었다.

또한 박물관이나 공연, 견학과 같은 현장학습, 과거의 경험과 지식과 관련된 대화 나누기, 활동 내용에 맞는 손유희나 노래 부르기, 수수께끼, 영화, 시청각 자료등을 통하여 동기유발을 할 수 있다.

2 표현활동과정

영유아교육에는 두 가지 주류가 있다. 학습의 결과를 중시하는 결과 지향적 교육과 학습활동에 참여하는 과정을 중시하는 과정 지향적 교육 이다. 미술활동에서 과정과 결과는 엄격히 분리할 수 없지만 대부분의 영유아들은 미술활동의 결과보다 과정에 흥미를 보인다. 특히 영아는 무엇을 그리거나 만드는 것에 관심을 두지 않고 활동 과정을 즐기는 경향이 있다. 하지만 영유아미술교육은 과정과 결과 모두에 초점을 맞추어야 한다. 영유아가 미술과정에 충실하면 자동적으로 좋은 결과물을 얻을 수 있다.

- 미술활동 과정 중 교사의 역할은 영유아의 미술활동의 과정과 결과에 많은 영향을 미치게 된다. 미술활동시간에 교사가 부재하면 유아는 거의 말이 없으며, 짧은 시간 동안 미술활동에 참여하게 된다. 교사가 유아와 언어적 상호작용을 하면서 유아와 대화를 하면 자기 작품에 대해 자유롭게 많은 설명을 할 뿐 아니라 혼자 할 때보다 거의 2배나 길게 미술활동을 지속하였으며 Brittan(1979), 교사가 사물의 특징을 잘 살피도록 유아에게 관찰형 질문을 했을 때 유아의 그림 그리는 태도, 흥미, 창의적 표현이 증진되었고(신정숙, 1989), 교사가 다양한 질문을 할 경우, 유아가 만들기에 지속적인 흥미와 자신감을 가지고 다양한 자료를 사용해서 주제의 특성이나 세부 묘사를 잘 표현하였다(송경섭, 1991). 즉 교사의 존재 자체가 유아의 미술 활동과정에 영향을 미친다는 것을 알 수 있다.

영유아의 미술활동과정에서 유아의 표현력을 도와주는 교사의 언어적 상호작용은 다음과 같다.

- 모든 영유아에게 상투적으로 하는 칭찬은 오히려 역효과를 가져올 수 있다. 즉 교사가 영유아의 그림을 보고, '잘 그렸네', '정말 아름답구나' '훌륭해'와 같은 언어

적 표현은 내가 정말 잘 해서가 아니라 모든 영유아에게 한말이라는 것을 영유아들은 알고 있다. 칭찬을 하고자 할 때는 그 영유아만이 갖고 있는 요소를 찾아 구체적으로 하는 것이 바람직하다. 그림을 잘 그렸다면 그 중 무엇을 잘 그렸는지, 정말 아름답다면 어느 부분이 아름다운지를 칭찬해 주어야 한다.

- 작품에 대한 가치판단적인 언어적 표현은 바람직하지 않으며 유아들이 활동을 하면서 보여준 과정을 인정해 표현을 한다. '○○ 보다 잘 그렸네', 라기 보다는 영유아가 그린 저번 그림의 무엇보다 잘했는지, 영유아 내의 가치 판단적 비교는 바람직하나, 다른 영유아와 비교해서 가치 판단을 하는 것은 바람직하지 않다. 결과위주의 '아주 잘 했어', 라기 보다는 활동과정에서 보여준 영유아의 태도, 생각, 방법 등에 대하여 표현해 준다.

- 표현활동의 결과물이 영유아가 무엇인지 말하기 전에는 알 수 없는 비표상적인 그림(nonrepresentional art)에 대해 상호작용 할 때는 ('무엇을 그렸니' 보다는 ' 위에서 아래로 내려오는 선도 있고, 옆으로 긴 선도 있고, 선의 길이가 다양하구나, 꽃밭에 여러 종류의 꽃들을 여러 색으로 칠하였네')와 같이 그림에서 무엇을 표상했는지를 찾지 말고 작품 속에 들어 있는 미적 요소에 초점을 맞추어서 언어적 표현을 한다.

- 누가 보아도 무엇을 그렸는지 알 수 있는 표상적 그림(Representional Art)에 대해 상호작용할 때는 상징이 아주 명백하기 때문에 미적 요소에 대해 구체적으로 반응할 필요가 없으며, 반성적 대화 방법을 사용하여 대화한다(오연주, 2005).

> 교사 : 이 배에 대해 설명해 줄 수 있겠니?
>
> 유아 : 이 배의 이름은 슈페리어 호 이고요, 제주도에서 목포를 가고 있어요. 어제 엄마랑 아빠랑 배를 타고 제주도에 갔다 왔어요. 아주 아주 많은 사람이 탈 수 있어요. 우리 반 친구들 모두 탈 수 있어요.
>
> 교사 : 정말 큰 배를 타고 여행을 하였구나.

3 정리 및 평가활동 과정

미술활동 시간은 표현활동으로 끝나는 것이 아니라 표현된 결과물에 대해 이야기를 나누고 마지막으로 '누가, 어디에, 어떻게, 전시할 것인지 까지 마쳤을 때 표현활동이 끝나는 것이다.

- 유아의 작품에 대해 이야기 나누기를 한다.

  각자의 작품을 선생님과 친구들에게 설명하거나 이야기를 할 수 있는 기회를 제공하여 같은 주제를 다른 친구들은 어떻게 표현했는지, 왜 그렇게 표현했는지, 나와 다른 생각이 있을 수 있다는 것 등을 유아들은 알 수 있다.

- 유아의 작품을 다양한 방법으로 전시 및 보관한다.

  미술 작품의 결과물을 전시해 줌으로써 유아들은 자신의 작품에 대해 자부심을 느끼고 긍지를 갖는다. 이러한 자부심은 유아들이 자신의 표현력에 대해서 자신감을 갖게 도와줄 수 있으며, 전시되어진 다른 유아들의 작품을 보면서 미적 감수성과 표현력이 발달될 수 있다.

  전시할 때는 모든 유아의 작품을 전시하여야 하며, 교사 혼자 하는 것 보다 유아와 함께 직접 장소를 정하고 함께 전시한다.

  벽면에 전시하기, 유리창에 전시하기, 천정에 전시하기, 바닥에 전시하기, 줄에 매달아 전시하기, 나뭇가지에 전시하기, 기관의 현관에 전시하기, 실외놀이터에 전시하기 등 전시하는 방법과 형태를 다양하게 바꾸어가며 한다. 입체 작품은 책상위, 바닥, 또는 회전식 직육면체 선반을 만들어 유아들의 작품을 전시한다.

  보관 방법 또한 파일에 정리하거나, 같은 주제, 개인별, 그룹별 등으로 표현된 활동을 씨리즈(봄, 여름, 가을, 겨울 등)로 묶어 책으로 만든다든가, 또는 가정으로 보내는 등 다양 방법으로 한다.

3.5 미술 감상활동 과정과 지도방법

유아기 동안의 감상활동은 미적경험의 기초가 되므로 유아들에게 좋은 미술작품을 감상할 수 있는 기회를 제공하여야 한다. 유아들은 교사의 사려 깊은 지도에 의해 미술작품을 감상하고 작품에 대해 집중적인 토론을 할 수 있다. 유아들의 미술작품 대한 유아들의 흥미와 참여를 자극 할 뿐 아니라 미술작품에 대한 이해를 높이며 창의적인 표현능력을 발달시킨다.

여러 가지 그림 중 특히 명화는 미적인 요소뿐 아니라 인류의 역사, 문명, 문화, 사상 등을 망라한 다양한 요소를 포함하고 있으므로 다른 어느 그림에 비해 그림 감상의 대상으로 애용되고 있다.

명화는 인류의 발달에 따라 역사와 함께 변화되어 왔다. 명화는 사람의 사고, 인지 발달의 영향을 받으며 인류의 문화를 함축하고 있다. 명화 감상을 통해 유아가 여러 작품을 접할 기회를 부여하는 것은 시대 흐름에 따라 그림의 표현 방법이 다르게 변화되어 왔으며, 예전 방식을 그대로 답습하는 데 그치지 않고 항상 새로운 표현법을 추구하는 작가의 도전적인 실험의 과정이 있었다는 것을 유아에게 인식시키는데도 그 목적이 있다.

유아를 위한 감상활동 지도에서 집중적인 토론은 펠트만(Feldman, 1970, 유혜숙, 2001, 재인용)과 이 정욱(1998)의 4단계의 토론과정을 통해 보다 효과적으로 이루어질 수 있다.

1 감상활동을 위한 토론과정

■ 1단계 : 기술하기

작품을 자세히 살펴보도록 한 후, 시각적 경험의 차원에서 그 작품 속에서 본 것들을 모두 나열하게 한다. 눈으로 보았을 때 처음 갖게 되는 직관적인 인상으로 자연스러운 관찰에 의해 작품의 주제나 형태, 색채, 구조, 어떤 내용들이 포함되어 있는지를 찾아보는 활동이다. 작품의 객관적인 현상에 근거하여 찾아보고 마음을 느껴보게 한다.

■ 2단계 : 분석하기

작품이 내포하고 있는 형식적인 특성을 찾아보는 것으로 작품 속에 나타난 형, 색, 질감, 공간 등의 특성들을 찾아보고, 서로간의 관계를 생각해 보도록 한다. 미술 작품의 짜임새와 구성의 분석으로 대칭과 비대칭을 구별할 수 있고 재료의 특성을 설명할 수 있으며 색과 선의 특성과 종류에 대해 이야기한다.

■ 3단계 : 해석하기

작품을 보이는 대로 설명하고 구체적으로 분석해 본 뒤, 작품에서 느껴지는 상징성과 주제를 알아본다. 즉 작품이 주는 메시지나 느낌, 인상 등에 대해 서로 이야기를 나눈다. 유아들은 자신의 눈을 통해 감상한 것에 대해 나름대로 해석을 하기 때문에 교사는 유아들에게 개방적인 질문을 하여 유아들이 자유롭게 자신의 생각을 말 할 수 있도록 해야 한다. 작품에서 느껴지는 정서적인 감정 뿐 만 아니라 유아긍의 느낌은 이전 단계에서 토론했던 특성과 관련이 있으며, 친구의 작품과 비교하고 싶어 하는 자발적인 참여와 관심을 통해 심미적인 가치와 판단의 기초를 형성시켜 줄 수 있도록 해야 한다.

■ 4단계 : 판단하기 이전에 논의 되었던 점과 연결하여 결론을 유도해 내기

판단하기 이전에 논의 되었던 점과 연결하여 결론을 유도해내는 것으로서 감상한 작품을 어떻게 생각하며, 그 이유는 무엇인지에 대해 이야기 한다. 이 단계에서는 유아들의 작품에 대해 개인적인 판단을 발견하도록 돕는다. 유아들이 하는 판단이란 단순한 수준에서 이뤄지지만 이런 과정 속에서 미술에 대한 이해가 심화되어간다.

이와 같은 미술 비평경험을 통해 유아들은 작품에 대한 자신의 느낌을 설명할 수 있고, 선이나 색이 어떻게 배열되었는지, 화가가 반복해서 나타내려 했던 형태는 무엇인지, 무엇으로, 어떤 방법으로 그림을 그렸는지 등 다양성에 대해 지각하고 표현할 수 있게 된다.

2 유아에게 적합한 명화의 특징

감상을 하기 위하여 작품을 선택할 때 가장 우선 되어야 할 점은 유아들이 관심을 끄는 것이어야 한다. 유아가 관심을 끄는 그림의 특성을 보면 다음과 같다(이상해, 2005).

- 선명하고 따뜻한 느낌의 색깔, 통계에 의하면 유아들이 가장 좋아하는 색깔은 붉은색이다.
- 명암의 차이가 없으며 뚜렷하게 대비되는 색깔과 형태, 레고 장난감이 그 대표적인 예이다.
- 입체감과 사실감이 느껴지는 사물을 좋아한다.
- 사물(천, 머리카락, 모피 등)의 형태와 질감을 똑같이 모방하고 있어서 시각만큼이나 촉각에도 호소하는 것

- 여인, 아기, 동물 등을 비롯해 집, 들판, 정원, 마을, 해변 등 친근한 장소를 묘사 한 것, 유아들이 인상주의 화가의 그림을 좋아하는 것도 바로 이런 이유에서이다.
- 등장인물이 달리거나, 잠을 자거나, 물에 빠지거나, 넘어지거나, 춤을 추는 등 움직임과 태도를 묘사한 것.
- 애정, 웃음, 분노, 울음, 놀라움 등의 감정을 분명히 표현한 것, 어느 시대의 그림이든 상관없다.
- 한 명의 주요 인물에 이질적인 요소가 거의 없는 단순한 구성
- 아기자기한 디테일이 들어가 있는 것, 유아들은 대체로 그런 디테일을 제일 먼저 감지한다.

3 생활주제별 미술 감상활동 목록

■ 우리 유치원

- 서당(김홍도)
- 나와 친구의 작품에 제목 정하기
- 명화와 친해지기(그림책 : 세상에서 가장 유명한 미술관, 미술관에 간 윌리)

■ 봄

- 주변의 자연물 감상
- 봄의 어린이, 꽃과 노란 어린이(이중섭)
- 아이리스(고흐)
- 수련이 있는 연못, 야생 양귀비(모네)

■ 동물

- 까치와 호랑이(작가미상)
- 새(에른스트)
- 황소, 흰소(이중섭)
- 경마장에서(드가)

■ 우리동네, 가족

- 찰스 4세의 가족(고야)
- 모자상(부뤼겔)
- 자 입을 벌려요(밀레)
- 생일(샤갈)
- 아이와 애보는 소녀(르느와르)
- 붉은 색의 조화(마티스)
- 아이들의 유희(부뤼겔)

■ 여름

- 뱃놀이에서의 점심(르누아르)
- 바위에 기대 물을 바라보다(이한철)
- 아르에니의 물놀이(쇠라)
- 레라크라 화병의 과일과 꽃(오스)
- 테라코타 화병의 꽃(호이솜)

■ 건강, 운동

- 씨름(김홍도)
- 병든 아이(뭉크)
- 춤(마티스)
- 무대에서의 리허설(드가)

■ 교통기관

- 피난열차(김환기)
- 빨강, 노랑, 파랑(몬드리안 피엔트)
- 미델하르니스의 길(호메바)

■ 우리 나라

- 문자도(작자미상)
- 십장생도(작자미상)
- 미인도(신윤복)
- 단청 그림

■ 가을

- 국화(모네)
- 이삭줍지(밀레)
- 낮잠(고흐)
- 나무와 두 여인(박수근)

■ 세계 여러 나라

- 아테네 학당(라파엘로)
- 세계 여러 나라의 국기

■ 우주와 지구

- 별이 빛나는 밤(고흐)
- 태양과 사람과 개(미로)
- 별자리

4 이야기 나누기를 통한 미술감상 활동

> • 그림 : 르느와르- 뱃놀이에서의 점심
> • 활동형태 : 소집단
> • 관련주제 : 여름
> • 준비물 : 르느와르의 뱃놀이에서의 점심
> • 사전활동 : 여름을 시원하게 보내는 방법을 알아보기

T 이 그림 속에 어떤 것들이 그려져 있니?

C 아저씨, 모자, 강아지, 여자, 포도, 컵, 병, 의자, 풀이요.

T 어떤 색들이 있니?

C 빨간색, 노란색, 하늘색, 남색, 흰색, 갈색, 주황색, 검정색이요.

T 누가 가장 멀리 있는 것 같니?

C 마술 모자를 쓴 아저씨요.

T 왜 마술 모자를 쓴 아저씨가 가장 멀리 있다고 생각하니?

C 멀리 있는 사람을 작고 다 보이지 않아요.

T 강아지를 안고 있는 여자의 옷을 만지면 어떤 느낌이 들까?

C 부드러워요.

T 그림 속의 사람들이 무엇을 하고 있는 것 같니?

C 점심을 먹어요. 술을 마셔요.

T 그림 속의 여자는 모두 몇 명일까?

C 5명이요.

T 남자는 모두 몇 명일까?

C 9명이요.

T 모자를 쓰고 있는 사람은 모두 몇 명일까?

C 12명이요.

T 누구의 강아지일까?

C 강아지를 안고 있는 여자요.

T 왜 그렇게 생각하니?

C   강아지가 여자를 봐요.

T   지금은 어떤 계절일까?

C   여름이요.

T   왜 여름이라고 생각했어?

C   이 남자가 짧은 옷을 입었어요.

T   만약에 너희들이 그림 속으로 들어간다면 무엇을 할 것 같니?

C   포도를 먹어요. 사이다를 마셔요. 강아지랑 놀아요.

T   이 그림에 제목을 지어준다면 어떤 제목이 어울릴까?

C   소풍이요. 파티요. 레스토랑이요.

T   이 그림을 집에 가져간다면 어디에 걸어두고 싶니?

C   엄마 방에 걸어요. 내 방에 걸어요. 거실에 걸어요.

T   그림을 보니까 어떤 느낌이 드니?

C   먹고 싶어요. 좋아요.

영유아미술활동과
유아평가

CHAPTER 4

CONTENTS

1. 미술활동을 통한 유아평가 방법
2. 포트폴리오를 통한 유아미술평가

미술활동에서 평가의 대상은 유아의 완성된 작품에 있는 것이 아니라 활동의 전 과정에 있다. 유아의 미술 활동은 전반적인 유아의 생활과 사고를 보여주는 것이므로 그 평가를 단순한 결과물인 작품에 한정하는 것은 진정한 평가라고 할 수 없다. 평가는 미술과정의 관찰, 작품에 대한 유아의 반응, 녹음, 토의, 면담, 포트폴리오 등의 다양한 방법으로 이루어진다.

유아의 미술활동에 대한 타당성 있는 평가를 하기 위해서는 다양한 방법을 사용하고 단기간이나 2-3번의 자료로 평가가 아닌 장기적이고 누적적인 평가가 이루어져야 한다. 또한 공정하고 객관적이어야 하며 유아의 전인적 발달을 돕기 위해 활용해야 하며 평가를 근거로 유아들에게 부적절한 선입관을 가지고 지도해서는 안된다.

다음은 유아의 학습이나 발달과정 뿐 만 아니라 미술활동의 상태 및 증진을 평가하는데 사용되는 방법이다(박화윤, 2003).

 미술활동을 통한 유아평가 방법

① **작품 수집 법** : 하나의 작품으로 유아를 평가하는 것은 위험하다. 계속적인 발달과정을 파악하기 위해서 유아 작품을 계속 수집한다. 유아 작품에는 작업 일시 및 내용을 기입한다. 디자인 요소를 중심으로 표현의 깊이, 유아 미술 발달의 과정을 평가한다.

② **일화 및 관찰기록 법** : 유아의 미술 작업 활동을 관찰하여 작업과정에 나타난 반응을 기록한다. 유아 생활 경험과의 관계, 유아의 작업 태도, 재료와의 관계, 유아와의 관계 등을 구체적으로 평가할 수 있다.

③ **작업 과정 평가표 작성법** : 적절한 사용 및 숙련성, 재료정리 능력, 작업의 흥미도, 집중성, 친구와의 관계 등을 평가한다.

④ **질문이나 대화법** : 유아의 심리상태, 사고, 요구, 개성을 알 수 있다.

NAEYC(1997)에서는 유치원과 초등학교 저학년 단계에서 형식적인 성취도나 준비도 검사를 해서는 안 되며 교사는 유아를 관찰하고 유아와의 상호작용을 통해 유아의 발달과 학습을 이해할 수 있어야 하며 모든 학교에서 나이 어린 유아의 수행평가는 포트폴리오의 구성으로 이루어져야 한다(National Educational Goal Panel, 1991)고 하였다. 즉 유아 개개인의 소질과 적성을 길러주면서 전인적 발달을 돕기 위해서는 수행평가와 같은 질적 평가를 도입해야 한다.

이숙희, 이주리(2000), 황윤세(2000)는 유아 미술 평가에서의 포트폴리오 평가 방법을 다음과 같은 이유로 권유하고 있다.

첫째, 교사는 유아와의 포트폴리오 평가 자료를 모으는 과정에서 유아와의 계속적인 상호작용을 할 수 있다. 이를 통해 교사는 유아의 욕구를 파악하게 되며 유아의 반응에 민감하고 즉각적으로 반응할 수 있다.

둘째, 포트폴리오 평가 방법을 통하여 교사는 부모와 유아의 면담 같은 정보 혹은 유아의 놀이 상황이나 일상생활에 대한 교사의 관찰을 통해 유아 전체에 대한 이해를 할 수 있다.

셋째, 포트폴리오평가 방법을 활용하여 모든 평가 결과를 교육과정에 재구성할 할 때 반영할 수 있다.

넷째, 포트폴리오 평가 방법을 통해 교사는 실제 교육 상황 속에서 유아의 발달과 학습을 발달적으로 적합하게 평가하여, 이를 교수 방법으로 사용한다. 포트폴리오 평가 방법 그 자체가 가르침 그 자체이다. 그러므로 유아 발달이 통합적으로 교육과정 속에서 포함될 수 있는 이점이 있다.

2.1 그림을 통한 유아의 말하기 능력의 포트폴리오 평가

- **날짜** : 3월 22일
- **유아의 말** :
  토요일에는 할머니 댁에서 게임도 하고, 집에 와서 파워레인저를 다운받았어요. 일요일에는 오즈의 마법사 난타를 봤어요.

- **교사의 저널**
  여러 가지 낱말과 문장을 활용하여 말하며 듣는 사람을 바라보며 이야기하였다.

- **날짜** : 3월 29일
- **유아의 말** :
  한옥마을에도 놀러가고, 놀이터에도 갔어요.

- **교사의 저널**
  경험한 것을 알맞은 목소리로 구체적이고 다양하게 말하였다.

- **날짜** : 4월 12일
- **유아의 말** :
  할아버지댁에 가서 tv도 보고, 집에 와서 목욕을 했어요.

- **교사의 저널**
  자신이 경험한 것을 구체적으로 잘 설명해주었으며, 주변환경(나무, 문, 등)의 모습을 다양한 폐품을 이용하여 표현해 주었다.

- **날짜** : 4월 26일
- **유아의 말** :
  토요일은 집에서 놀고, 컴퓨터도 했어요. 일요일에는 삼촌하구 야구방망이를 가지고 놀았어요.

- **교사의 저널**
  자신의 말을 글로 옮겨지는 과정에 관심이 많았으며, 경험했던 것을 시간의 흐름에 따라 잘 설명해 주었다.

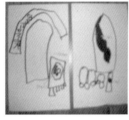

- **날짜** : 5월 17일
- **유아의 말** :
  가족공원에 가서 삼겹살을 구워 먹었어요.

  수목원에 가서 화장실 갔다가 마지막에 동물을 봤어요.

- **교사의 저널**
  어휘력이 풍부하며 동사형태로 문장을 만들어 자신의 경험을 잘 이야기하였다.

- **날짜** : 5월 24일
- **유아의 말** :
  아빠랑 혜림이랑 엄마랑 할머니집에 가서 이모랑 타자연습을 했어요.

- **교사의 저널**
  자신이 겪었던 경험을 이야기하는데 어려움을 느끼지 않았으며, 타자연습했던 모습을 흉내내보이기도 했다.

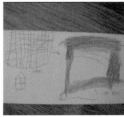

- **날짜** : 6월 7일
- **유아의 말** :
  삼촌 야구장에 구경하러 갔다가 청주 홈플러스 가서 최종합체검 사고, 할머니집에 가지고 가서 놀았어요.

- **교사의 저널**
  그날 있었던 일들을 순차적으로 자세히 말할 수 있다.

- **날짜** : 6월 28일
- **유아의 말** :
  할아버지네 집에 가서 장난감 총 사가지고 갔어요.
  할아버지한테 구성시켜 드렸어요.

- **교사의 저널**
  여러가지 낱말과 문장을 적절히 활용하여 말한다.

2.2 그리기 활동 참여도의 포트폴리오 평가

유아 명	정현진	생년월일		평가시기	1차 년 3월 2차 년 10월		

평가 내용 및 관점	**예술적 표현–미술활동 즐기기** • 미술활동을 즐기는가? • 여러 가지 재료를 이용하는가? • 다양한 표현이 가능한가?
평가 상황	조형활동 중
평가 유형	평정척도, 활동결과물사진

수 준		1차			2차		
		잘함	보통	노력중	잘함	보통	노력중
평가 내용	1. 미술활동을 즐긴다.		∨		∨		
	2. 다양한 미술 재료의 쓰임새를 안다.		∨				
	3. 다양한 미술 재료를 사용한다.			∨		∨	
	4. 그리고 싶은 것을 알고 그대로 표상한다.			∨		∨	
	5. 다양한 형태의 그리기를 표상한다. (직선, 다양한 도형, 곡선 등)			∨		∨	

활동
결과물
사진

〈2차〉

열기구

〈1차〉

민속놀이 후 윷놀이 그림

해석	1차–그림그리기를 좋아하며 자신이 그리고자 하는 것을 표현하려고 시도하나 정확한 표현이 나오지 않음. 동그라미와 네모모양을 몇 개 긁적거린 후 다 그렸다고 이야기하는 경우가 많아 다양한 선과 모양이 있음을 이야기 나누고, 그림을 그리기 전 무엇을 그리고 싶은지 구체적인 상호작용이 필요함. 색연필을 주로 사용하고, 한가지만 이용하여 표현하므로 다양한 미술 재료를 사용할 수 있도록 중간중간 안내하고, 미술표현에 대한 생각과 느낌을 존중해주는 언어적/비언어적 표현으로 적절하게 반응해주고, 미술활동에서 과정을 즐기도록 격려해주어야겠음. 2차–자신이 경험한 것을 표현하며, 상반기에 비해 자신이 그림고자 하는 것의 형태가 구체적으로 나와 그림을 보면 무엇을 그렸는지 알 수 있음. 또한 주제에 맞춰 자신의 생각을 이야기한 후 그림 표현이 가능함.

2.3 인물화 그리기 발달의 포트폴리오 평가

유 아 명	정 승주	생년월일		평가시기	년 월 일
평가 유형	평정척도, 활동결과물 사진				
수 준	평 가 내 용				
1수준	굵적거리기–다양한 선들로 표현한다.				
2수준	두족형 표현–머리에서 바로 팔, 다리가 나타난다.				∨
3수준	일자형 인물표현–팔, 다리를 선으로 표현한다.				
4수준	다양한 몸체를 지닌 형태로 나타난다.				
5수준	완전한 사람형상이 나타난다.				
활동결과물 사진	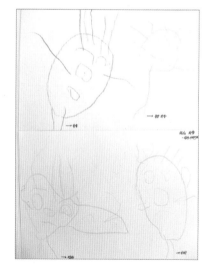				
해 석	신체의 각 부분과 명칭을 알고 있으며, 얼굴에도 무엇이 있는지 이야기를 하고 그림으로 이목구비를 표현함. 그림그리기를 선호하나 아직 두족인의 표현이 주로 나타나며 그림을 그리면서 자신이 그리고 있는 그림을 말로 설명함. 일상생활에서 그리기를 자주 접하도록 기회를 제공하고 여러 가지 그림을 감상하도록 하여 다양한 표현이 나오도록 해야겠음.				

참고문헌

교육과학기술부(2012).누리과정 운영지원을 위한 교사연수 자료집. 교육과학기술부.

교육부(1995). 유치원 교육활동 지도 자료1 총론. 국정교과서 주식회사.

교육부(1998). 유치원 교육과정 해설. 교육부.

교육부(2008). 유치원 교육과정 해설. 교육과학기술부.

김정(1975). 유아의 묘화와 분석. 백록출판사.

김혜경 외(2002). 효과적인 영아보육을 위한 지침서. 다음세대.

노부자(1993). 현대미술교육의 새로운 동향. 조형교육, 9, 47-51.

류시화 역(2008), 잭 캔필드 & 마크 빅터 한센 지음, 영혼을 위한 닭고기 수프, 푸른숲.

박은덕(1998).유아의 창의성 발달을 위한 예능교육. 대한 유치원 교육협회 '98 하기강
　　습회 자료집.

박은덕(2003). 은덕이의 아동화 이야기. 양서원.

박화윤(2003). 유아를 위한 창조적 미술활동. 정민사.

송경섭(1991). 교사의 질문유형이 유아의 미술 활동 시 만들기 표현에 미치는 영향. 중
　　앙대학교 교육대학원 석사학위 청구논문.

신정숙(1989). 교사의 관찰형 질문이 유아의 그리기 표현에 미치는 영향. 중앙대학 교
　　교육대학원 석사학위 청구논문.

오연주, 홍혜자, 안은숙, 이명희, 김애순, 이경실(2002). 유아를 위한 미술 교육의 통합
　　적 접근. 창지사.

오정현(1987). 유아 창작공예. 형설출판사.

유혜숙(2001). 영유아를 위한 미술교육. 서울특별시보육정보센터 사이버강의 16.

이규선, 김동영, 전성수(1994). 미술교육학개론. 교육과학사

이기숙(1995). 유아교육과정. 교문사.

이기숙외(2000). 유치원 교육활동 자료. 총론. 교육부

이민경(1993). 교육연구. 전라북도 교육연구원.

이민경 외(2006). 영아를 위한 미술활동. 21세기사.

이상해(2005). 내 아이와 함께 읽는 명화 이야기. 예담.

이수경, 이주연(1994). 교육의 미술적 접근으로서의 DBAE적용연구, 미술교육연구, 3, pp19-49. 표현생활영역의 유아평가. 열린유아교육연구, 5(1), 227-246. 열린유 아교육학회.

이숙희, 이주리(2007). 포트폴리오를 통한 표현생활 영역의 유아평가, 열린유아교육 연구 제 5권 제 1호.

이정욱(1998). 유아미술교육의 효과적 운영. 유아 미술 지도법. 한국유아교육학회 광주 전남지회 98년도 여름 워크샵.

이영자(1998). 유아미술교육의 효과적 운영. 유아교육과정 운영과 미술교육. 한국유 아교육학회 광주전남지회 98년도 여름 워크샵.

이정환(2002). 유아를 위한 조형 미술활동. 창지사.

정미경(1993). 아리스토텔레스의 아동기 미술교육에 관한 소고. 조형교육, 10.

정미경(1999). 미적요소에 기초한 활동중심 통합미술프로그램이 유아의 미술 표현능력 및 미술 감상능력에 미치는 영향. 중앙대학교 대학원 박사학위논문.

조봉매(1999). 유아교육 기관에서의 찰흙활동의 실태 및 교사의 인식연구. 숙명여 자대 학교 대학원 석사학위논문.

황윤세(2000). 유치원에서의 효율적인 포트폴리오 평가방법 연구. 덕성여자대학교 대 학원 박사학위논문.

한기정(1997). 아동미술과 특수 아동미술. 교육과학사.

Brittain, W. L.(1979). Creativity, art, and the young child. NY : Macmillan.

Dobbs, S. M. (1992). The DBAE handbook : An overview of discciplinebased art edu- cation. Losangeles : The Genter odr Education in the Arts.

Mayesky, M., Donald, N. & Wlockowski, R. J.(1995). Creative Activites for Young Children. N. Y.: Delmar Publshers, Divizon of Litton Educational Publishing, Inc.

Piaget. J. (1954). The Construction of Reality child. (trans Mtgaret Coo) New York : Basic Books, INC. Publishers. p.97.

Schirrmacher, R.(1998). Art and Creative Development for Young Children. Albany, N.Y. : Delmar.

Wilson, W.,& Wilson, B.(1982). Teaching children to draw: A guide for teachers and parents. New Jersey: Prentic-Hall, Inc.

제2부
영유아 미술활동 실제

CONTENTS

CHAPTER 1   평면 활동

CHAPTER 2   입체 활동

CHAPTER 3   그림책을 활용한 미술 활동

CHAPTER 4   명화를 활용한 미술 활동

평면 활동

CHAPTER **1**

CONTENTS

1. 꼴라쥬
2. 야채찍기
3. 모래종이 그림
4. 손·발바닥 그림
5. 스티커 그림
6. 물감 불기
7. 거품 찍기
8. 비밀 그림
9. 핑거페인팅
10. 보지 않고 그리기
11. 얼음 그림
12. 그림 번지기
13. 마아블링 그림
14. 우리몸 찍기
15. 은박지에 그리기
16. 모래 종이에 그리기
17. 데칼코마니
18. 자화상 그리기
19. 뿌리는 그림
20. 점으로 그리기
21. 본뜨기
22. 숫자 그림
23. 표백 그림
24. 음악 들으며 그림 그리기
25. 우리 유치원 소개
26. 공룡세상

1.1 사진위에 꾸미기 영아

주요 경험	• 사진을 탐색해 본다. • 사진을 어떻게 꾸밀 것인지 생각해 본다.
활동 자료	• 잡지(큰 사진), 홍보 전단지, 달력, 풀, 도화지, 그리기 도구(굵은 사인펜)

[활동 방법]

1. 준비된 사진들을 살펴보고 이야기 나눈다.

   • 여기에 무엇이 있니?

   • 무슨 사진 들이 있니?

   • 아주 큰 사람 얼굴도 있고, 수박, 사과, 토마토 사진도 있구나.

   • 어느 사진이 가장 마음에 드니?

2. 사진을 잡지에서 떼어낸다.

   • 선생님과 함께 마음에 드는 사진을 떼어내 보자.

   • 어떻게 떼어 낼까?

   • 선생님과 함께 손으로 잡아 당겨 떼어볼까?

   • 떼어낸 부분이 울퉁불퉁 되었네?

   • 떼어낸 부분을 가위로 잘라 볼까?

   • 다른 곳처럼 반듯하게 되었구나.

3. 도화지에 떼어낸 사진을 붙인다.

  • 사진을 도화지에 붙이려면 어떻게 해야 할까?

  • 사진 뒤 쪽에 풀을 칠해 볼까?

  • 도화지에 붙인 다음 손바닥으로 콕콕 눌러보자.

4. 사진위에 그림을 그린다.

  • 사람의 얼굴에 무슨 그림을 그릴 수 있을까?

  • 안경을 그려보면 어떨까?

  • 입술에 립스틱을 발라볼까? 무슨색으로 칠하고 싶니?

  • 손가락에 반지도 그려볼까?

  • 정말 재미있는 사진으로 변했구나

5. 그림을 전시하자.

  • 어디에 붙여 놓고 싶니?

1.2 사진으로 꾸미기 [유아]

주요 경험	• 여러 사진 중 원하는 사진을 선택하고 결정하기 위한 생각을 한다. • 사진의 특성에 따라 다양하고 창의적인 표현을 한다.

활동 자료	• 잡지, 홍보 전단지, 달력, 가위, 풀, 도화지, 그리기 도구

[활동 방법]

1. 준비된 사진들을 살펴보고 이야기 나눈다.

- 여기에 무엇이 있니?

- 이 전단지는 어디에서 무엇을 위해 만들었을까?

- 어디에서 본적이 있니?

- 이것으로 무엇을 할 수 있을까?

2. 사진을 탐색한 후 무엇을 할 것인지 생각한다.

- 여기에 있는 사진으로 무엇을 만들고 싶니?

- 과일가게를 만들기 위해서 네가 찾은 과일은 무엇 무엇이니?

- 전자제품 가계를 만들기 위해 어떤 제품들을 보았니?

- 옷가게를 만들기 위해서는 무엇이 필요할까?

3. 도화지에 떼어낸 사진을 붙인다.

- 오려진 옷들을 붙이기 전에 도화지에 무엇을 그리면 더 좋을까?

- 남자 옷과 여자 옷을 구분하여 붙였구나.

- 옷걸이를 그려 옷을 붙이니 정말 옷가게 같구나.

- 가게 이름은 어디에 쓰면 좋을까?

4. 각자의 결과물을 친구들에게 설명한다.

1.3 유아 사진으로 꾸미기 [유아]

주요 경험	• 그림책을 읽고 주인공처럼 다양한 신체표현을 하며 사진을 찍어본다. • 사진을 오려 나의 또 다른 얼굴 모습을 그려 붙여본다. • 달라진 친구를 찾아본다.
활동 자료	유아 활동사진, 도화지, 가위, 유성매직, 전지, 카메라, 투명 접착테이프

[활동 방법]

1. 그림책을 읽어보고 이야기 나눈다.

   • 몸으로 주인공처럼 모양을 만들어볼 수 있겠니?

   • 어떤 모습을 한 주인공이 가장 마음에 드니?

   • 가중 재미있니?

2. 다양한 사진을 2-3장씩 찍는다.

   • 주인공처럼 다양한 신체 표현을 할 수 있겠니?

   • 주인공과 정말 똑같은 표현을 하였구나

   • 주인공과 다른 표현을 해 볼 수 있겠니?

3. 카메라를 컴퓨터나 텔레비전과 연결하고, 친구들과 함께 마음에 드는 사진을 선택한 후 인쇄한다.

   • 어떤 사진이 가장 마음에 드니?

   • 친구들은 어떤 사진을 골랐으면 좋겠니?

4. 사진을 오린 후 전지에 붙인다.

   • 가위로 사진을 오려보자.

   • 어려운 부분은 선생님이 도와 줄 수 있어.

   • 큰 종이에 사진을 붙여보겠니?

5. 각자의 얼굴을 그린 후 오린다.

- 자신의 얼굴을 자세히 그리려면 무엇이 있으면 더 좋을까?

- 거울 속의 눈, 코, 입, 이마, 볼, 턱, 귀, 머리를 보고 그려보자.

- 조심스럽게 천천히 오려보자.

6. 오린 얼굴 그림을 전지위에 붙여진 사진의 얼굴 위에 붙인다.

- 누구인지 알 수 있도록 열어볼 수 있도록 붙여보자.

- 투명 테이프로 한 쪽 만 붙이면 열어볼 수 있겠다.

7. 전지위의 사진을 알아맞힌다.

- 이 사진의 친구모습을 흉내 내어 볼까?

- 이 사진은 누구 사진일까?

- 누가 얼굴 그림을 열어 보겠니?

8. 작품을 전시한다.

- 어디에 전시하고 싶니?

2.1 야채 찍기 영아

주요 경험	•여러 가지 야채의 이름을 알아본다. •야채의 겉모양과 속모양의 다름을 이야기 한다. •야채를 종이에 찍어 나타난 모양을 살펴본다.
활동 자료	도화지, 템페라 물감, 솜, 도화지, 넓은 접시, 피망, 연근, 양파와 고추(자른 후 물에 담궈 매운 느낌이 들지 않도록 한다.),오이, 당근 등 길어서 영아가 손에 잘 잡을 수 있고 모양이 선명한 야채를 선택한다.

[**활동 방법**]

1. 준비된 재료를 살펴보고 이야기 나눈 후 반으로 잘라본다.

   • 여기에 무엇이 있니?

   • 초록색 피망, 갈색 연근, 하얀색 양파, 빨간색 고추, 연두색 오이, 주황색 당근 이 있네.

   • 선생님과 함께 연근을 절반으로 잘라보자

   • 구멍이 여러 개인 꽃 모양이 나타났네.

2. 접시에 물감 솜을 만든다.

   • 파란색 물감을 골라보자.

   • 접시에 물감을 짜고 물을 넣은 다음 저어보자.

   • 파란색 물감에 솜을 넣으면 어떻게 될까?

   • 물감에 솜을 넣어 보자.

- 하얀색 솜이 파란색 솜으로 변했구나.

3. 야채를 물감에 적신 후 도화지에 찍어본다.

- ○○는 당근을 들고 있네, 무슨 색 물감을 찍고 싶니?
- 노란색 물감을 찍었구나, 무슨 모양이 나타날까?
- 종이에 찍어 보자.
- 동그란 모양이 나타났네.
- 초록색 피망을 들고 있는 ○○는 빨간색 물감을 찍었구나.
- 피망과 연근은 꽃 모양이 되었어.
- 여기 저기 찍어서 야채 모양 나라를 만들어보자.

4. 그림을 전시한다.

- 이 그림을 어디에 붙여 놓을까?

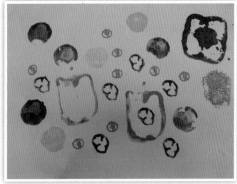

2.2 야채로 찍어 꾸미기 유아

주요 경험	여러 가지 야채의 이름을 말할 수 있다. 야채의 겉모양과 속모양의 다름을 비교한다. 종이에 찍어 나타난 야채 모양을 이용하여 그림을 그린다.
활동 자료	도화지, 템페라 물감, 그리기 도구, 솜, 도화지, 넓은 접시, 제과점 칼, 피망, 연근, 양파와 고추(자른 후 물에 담궈 매운 느낌이 들지 않도록 한다.), 오이, 당근 등 길어서 유아가 손에 잘 잡을 수 있고 모양이 선명한 야채를 선택한다.

[활동 방법]

1. 재료에 대해 이야기 나눈 후 반으로 잘라 살펴본다.

- 여기에 무엇이 있니?

- 무엇을 할 때 사용한 것들이니?

- 여러 종류의 야채들이 있구나.

- 빨강, 노랑, 초록색 피망, 갈색 연근, 하얀색과 보라색 양파, 빨간색과 초록색 고추, 연두색 오이, 주황색 당근이 있네.

- 야채들을 반으로 잘라 보겠니?

- 자르기 가장 어려운 야채는 무엇이었니?

- 어떤 야채가 가장 자르기 쉬웠니?

- 겉모양과 속모양이 비슷한 야채는 무엇이니?

- 겉모양과 속모양이 가장 다른 야채는 무엇이니?

2. 접시에 물감 솜을 만든다.

- 야채에 있는 색깔의 물감을 골라 보겠니?

- ○○는 어떤 야채에 들어있는 색깔의 물감을 골랐니?

- 접시에 물감을 짜고 물을 넣은 다음 저어볼까?

- 물감에 솜을 넣으면 솜이 어떻게 될까?

- 왜 물감에 솜을 넣을까?

3. 야채를 물감에 적신 후 도화지에 찍어 다양한 모양을 만들고 꾸며 본다.

- 연근 모양을 여러 번 찍으니 꽃 밭 모양이 되었네

- 꽃에 색칠을 하면 여러 색깔의 꽃밭으로 변할 수 있겠네

- 고추를 나란히 계속 찍으니 고리 모양이 되었네, 고추 모양으로 목걸이도 만들 수 있겠다.

- ○○는 양파 모양으로 해님을 만들었구나.

- 피망 모양이 사람의 몸이 되었네.

4. 그림을 전시한다.

- 이 그림을 어디에 붙여 놓고 싶니?

3.1 모래종이 위에 그림그리기 영아

주요 경험	• 도화지와 사포를 만져보고 느낌을 이야기 한다. • 사포 위에서 그림을 그려본다.

활동 자료	• 도화지, 사포, 크레파스, 클립

[**활동 방법**]

1. 준비된 재료를 살펴본다.

   • 여기에 무엇이 있니?

   • 사포를 손바닥으로 만져볼까? 까끌까끌 하네.

   • 도화지도 손바닥으로 만져보자. 사포보다 부드럽구나.

   • 이것으로 무엇을 했으면 좋겠니?

2. 그림을 그린다.

   • 사포 위에 도화지를 놓아보자.

   • 움직이지 않도록 선생님이 클립으로 묶어줄게.

   • 도화지 위에 그림을 그려보자.

   • 도화지에 그렸을 때 보다 그림이 잘 그려지지 않네.

   • 힘을 주어 그려보자.

   • 사포가 까끌까끌하니까 종이 위에 그림도 울퉁불퉁하구나.

3.2 모래종이는 어디에 있을까? 유아

주요 경험	• 도화지 위와 사포 위에서 그림 그릴 때 의 차이점을 느낀다. • 도화지 위의 그림과 사포 위의 그림을 비교해 본다.

활동 자료	• 복사지 2~3장, 사포(복사지의 절반 크기), 그리기 도구, 클립, 풀

[활동 방법]

1. 준비된 재료를 살펴본다.

   • 여기에 무엇이 있니?

   • 왜 사포라고 부를까?

   • 사포를 손바닥으로 만져볼까?

   • 어떤 느낌이 드니?

   • 종이를 만져보고 사포와 비교해서 이야기 할 수 있겠니?

   • 어디에 그림을 그렸으면 좋겠니?

   • 왜 그런 생각을 하였니?

2. 사포를 배열한다.

   • 사포를 찢어 보자.

   • 5조각이나 6조각으로 찢어 볼까?

   • 종이도 찢어보자.

   • 사포를 찢을 때와 어떻게 다르니?

   • 사포를 종이의 여러 곳에 붙여 보자.

   • 사포가 붙여진 종이 위에 다른 종이를 올려놓고 클립으로 움직이지 않도록 묶어 볼까?

3. 그림을 그린다.

- 크레파스, 굵은 싸인펜, 색연필 등 여러 가지 종류로 그림을 그려보자

- 그림을 그릴 때 어떤 느낌이 들었니?

- 무엇으로 그릴 때 가장 흥미로웠니?

- 무엇으로 그릴 때 가장 차이가 많이 났니?

- 왜 이런 차이가 날까?

- 사포가 어디 어디에 있는 것 같이?

4. 그림을 전시한다.

- 이 그림을 어디에 붙여 놓으면 좋겠니?

4 손·발바닥 그림

4.1 손바닥과 발바닥 찍기 영아

주요 경험	• 손바닥과 발바닥에 물감을 묻혀본다. • 종이 위에 손바닥과 발바닥 모양을 찍은 후 나타난 모양을 살펴본다.
활동 자료	• 전지, 템페라 물감, 큰 붓, 넓은 볼 5~6개, 솜, 접착테이프 • 물이 있는 실외나 큰 목욕탕이 적당하고, 실내에서 할 경우는 바닥에 큰 비닐이나 돗자리를 깔고 할 수 있음

[활동 방법]

1. 준비된 재료를 살펴보고 볼에 물감 솜을 만든다.

   • 여기에 무엇이 있니?

   • 큰 그릇이 5개가 있네.

   • 각각의 그릇에 물감을 넣어보자.

   • 빨강색, 노랑색, 파랑색, 초록색, 주황색 물감을 골랐구나, 그릇에 넣어볼까?

   • 선생님처럼 붓으로 동그라미를 그리면서 저어보자

   • 물감이 쏟아지지 않도록 선생님처럼 천천히 솜을 넣어볼까?

   • 하얀색 솜으로 빨간색 물감이 스며드네

   • 솜이 빨간색으로 변해버렸네

2. 종이를 바닥에 고정시킨다.

   • 친구들이 종이 위에 올라가도 종이가 움직이지 않도록 테이프로 붙여볼게.

   • 테이프를 어디에 붙여야 할까?

3. 종이위에 손바닥과 발바닥을 마음껏 찍어본다.

- 손에 물감을 묻혀보자.
- ○○는 어떤 색의 물감을 묻히고 싶니?
- 손가락부터 천천히 손 전체에 묻혀보자 .
- 물감이 손에 닿으니 시원한 느낌이 드네.
- 손이 어떻게 되었니?
- 노랑색으로 변하였구나.
- 물감을 발바닥에도 묻혀보자, 간지럽고 시원한 느낌이네.
- 이제 종이위에 마음껏 걸어봐, 어떻게 될까?
- ○○의 발자국이 여러 개 생겼구나.
- 다른 색의 물감도 묻혀 종이에 찍어보자.
- 누구의 손이 가장 예쁘게 찍혀졌을까?
- 누구의 발이 가장 크게 찍혀졌나 볼까?

4. 바닥에 그림을 전시한다.

- 유희실이나 대근육실의 바닥에 전지그림을 붙인 후 투명 아세테이트지로 그림전체를 덮어 고정 시킨다.

※ 기타사항

- 활동을 하는 주위에 의자를 두어 활동이 끝나면 발을 들고 앉도록 한 후 물수건으로 발을 닦아준 뒤 물이 있는 곳으로 이동하여 씻도록 한다.

4.2 손바닥 복사하여 그리기 [유아]

주요 경험	• 자신의 신체 중 손바닥에 관심을 갖는다. • 복사기에 대하여 생각해 본다.

활동 자료	• 복사기, 복사지 2장, 싸인펜, 색연필

[활동 방법]

1. 손에 대하여 이야기하며 손을 그려본다.

    • 어디서부터 어디까지 손일까?

    • 손에는 무엇 무엇이 있을까?

    • 손가락, 손바닥, 손등, 손목, 손톱, 손마디 등이 있단다.

    • 손바닥과 손등은 어떻게 다르니?

    • 종이에 손바닥을 대고 손을 따라 그려볼까?

    • 혼자 그리기 힘든 친구는 옆 친구의 손를 그려줄 수도 있겠네

2. 복사를 한다.

    • 각자의 종이 한쪽에 이름을 써 볼까?

    • 종이를 복사기에 넣어보자.

    • 복사기 위에 손바닥을 올려놓아볼까?

    • 선생님이 뚜껑을 덮고 ○○가 다른 곳을 보고 있으면 선생님이 시작 버튼을 눌러줄게.

    • 손바닥모양이 나왔구나.

3. 복사된 손 모양을 꾸며본다.

    • ○○의 진짜 손과 복사되어 나온 손의 같은 점과 다른 점을 이야기 할 수 있겠니?

    • 손바닥 그림과 복사된 손바닥은 어떤 차이점이 있니?

- 무엇을 그리고 싶니?

- 그냥 보았을 때 보다 더 자세히 보이는 곳은 어디이니?

- 그곳의 선을 잘 보이도록 그려 볼 수 있을까?

- ○○는 손가락 가족을 그리고 있구나

4. 그림을 전시한다.

- 그린 손바닥과 복사된 손바닥을 비교하여 전시한다.

❈ 기타사항

- 복사를 할 때 불빛을 보지 않도록 하며, 계속 복사할 경우 손바닥을 놓은 부분이 뜨거워지므로 조심한다.

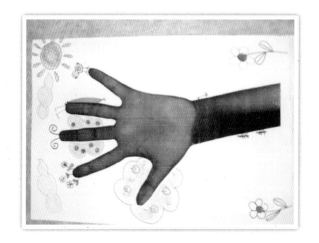

4.3 씨름 발자국 유아

주요 경험	• 다양한 방법으로 그림을 그릴 수 있다는 것을 경험한다. • 씨름을 하면서 나타나는 발자국으로 작품을 만들어 본다.

활동 자료	• 전지 크기의 흰 천, 템페라 물감, 넓은 볼, 솜

[활동 방법]

1. 그림을 그릴 수 있는 다양한 방법에 대해 이야기한다.

   • 그림을 그릴 때 손 이외의 다른 방법으로 그릴 수 있는 방법은 무엇이 있을까?

   • 발로 그림을 그릴 수 있을까?

   • 커다란 흰색의 천에 발로 그림을 그리기 위해서는 어떻게 해야 할까?

   • 발바닥에 물감을 묻인 후 둘이서 씨름을 하면 천 위에 무엇이 생길까?

2. 천을 바닥에 고정시킨다.

   • 친구들이 천 위에 올라가도 천이 움직이지 않도록 테이프로 붙여보자.

   • 테이프를 어디에 붙여야 할까?

3. 천위에서 씨름을 하며 그림을 그린다.

   • 씨름은 몇 명이 하는 운동일까?

   • 씨름을 하고 싶은 친구와 짝이 되어보자.

   • 순서가 되면 발바닥에 물감을 묻인 후 천위에서 선생님의 신호에 의해 씨름을 해
   보자.

4. 그림을 전시한다.

   • 그림의 이름을 무엇으로 지으면 좋을까?

   • 제목을 어디에 붙이면 좋을까?

   • 유치원의 어디에 이 그림을 붙여 놓고 싶니?

❀ 기타사항

- 활동을 하는 주위에 의자를 두어 활동이 끝나면 발을 들고 앉도록 한 후 물수건으로 발을 닦아준 뒤 물이 있는 곳에서 씻도록 한다.

5 스티커 그림

5.1 모양 스티커 그림 영아

주요 경험	• 다양한 접착 스티커로 그림을 그려본다. • 같은 모양과 다른 모양을 분류하여 본다. • 손가락으로 스티커를 떼어내고 붙여보는 경험을 한다.

활동 자료	도화지, 크레파스, 다양한 모양의 스티커

[활동 방법]

1. 준비된 재료를 살펴본다.

   • 여기에 무엇이 있니?

   • 어디서 본 적이 있니?

   • 어떻게 하는지 해 볼까?

2. 종이에 크레파스로 선 그림을 그린다.

   • 공처럼 동글동글 동그라미를 그려볼까?

   • 줄넘기처럼 긴 선도 그려볼까?

   • 라면 닮은 꼬불꼬불 재미있는 선도 그려보자.

   • 텔레비전 닮은 네모도 그려보자.

3. 선을 따라 스티커를 붙인다.

   • ○○가 좋아하는 스티커를 골라보자.

   • ○○는 별 모양 스티커를 골랐구나.

- 선생님은 공처럼 동글동글 동그라미 선을 따라 동물 모양의 스티커를붙여야겠다.
- ○○는 긴 선에 별모양 스티커를 붙이고 있구나.
- 선생님은 텔레비전 닮은 네모 선에 한번은 별모양을 붙이고 다음에 동물 모양을 붙이고 다시 별모양을 붙여야겠다.
- 그 다음에 어떤 모양을 붙이면 좋을까?
- ○○가 붙인 스티커 이름을 말해 보겠니?

4. 그림을 전시한다.

- 이 그림을 어디에 붙여 놓으면 좋겠니?

5.2 별나라 스티커 그림 유아

주요 경험	밤 하늘에 떠있는 별과 달에 대하여 이야기 한다. 스티커를 이용하여 밤 하늘을 꾸며본다.

활동 자료	달과 별에 관한 그림책, 크기가 다양한 달과 별 스티커, 검은색 도화지, 그리기 도구

[활동 방법]

1. 밤 하늘에 떠 있는 것들에 대해 이야기 한다.

   • 밤에 하늘을 본적이 있니?

   • 밤 하늘에 무엇이 있지?

   • 동글동글 공 같은 달도 있고, 반짝 반짝 빛나는 별들도 있단다.

   • 달은 하나인데 별은 아주 많이 있단다.

   • 별들은 이름을 가지고 있단다. 이 모양은 북두칠성이고, 작은 별이 많이 모여 있는 이별은 은하수라고 한단다.

   • 별들이 모여 병모양을 하고 있는 별도 있고 사자모양을 하고 있는 별들도 있단다.

2. 검은 색 도화지와 별과 달 스티커를 살펴본다.

   • 종이가 무슨 색이니?

   • 캄캄한 밤 하늘과 같은 검은색 도화지가 있네.

   • 별모양이 아주 많이 있구나, 큰 별, 작은 별, 아주 작은 별, 그리고 달도 있구나.

   • ○○가 가장 큰 별을 찾아 보겠니?

   • ○○는 달을 찾아 볼까?

3. 별과 달 스티커로 밤하늘을 꾸며본다.

   • 별과 달을 떼어서 검은 색 도화지 위에 붙여보자.

- 작은 별 모양으로 은하수를 만들어볼까?

- 병 모양으로 스티커를 붙여볼 수 있을까?

- 붙여진 별들을 크레파스나 싸인펜으로 서로 연결하면 어떤 모양이 생길까?

4. 천정에 전시한다.

- 유아의 그림을 큰 종이에 모아 붙인 다음 유치원의 일부 영역의 천정에 붙여 전시한다.

6 물감 불기

6.1 물감불기 영아

주요 경험	• 물감을 종이 떨어뜨리고 다양한 방법으로 불어본다. • 입으로 불어 물감이 번지는 모습을 관찰한다.

활동 자료	• 템페라물감, 빨대, 도화지, 넓은 접시3-4개, 큰 붓3-4개

[활동 방법]

1. 접시에 물감을 만든다.

   • 선생님이 그릇에 초록색 물감을 넣은 다음 물도 넣고 붓으로 저어볼게

   • ○○는 무슨 색 물감을 넣고 싶니?

   • 노랑색을 골랐구나, 동그라미를 그리면서 천천히 저어보자

   • 붓이 다른 색의 물감으로 가지 않게 하자

2. 도화지에 물감을 떨어뜨린다.

   • 붓에 묻은 물감을 종이에 떨어뜨려 보자

   • 뚝뚝 파랑색 물감이 떨어졌네

   • 다른 색의 물감도 떨어뜨려보자

   • 크고 작은 물감 물방울이 정말 많이 생겼구나.

3. 빨대로 물감을 불어본다.

   • 빨대를 입에 넣고 불어보자

   • 손바닥에 가까이 대고 불어볼까?

- 손바닥이 간지럽고 시원하네.

- 이번에는 빨대를 입에 넣고 종이 위의 물감 물방울을 불어보자.

- 물감이 넓게 퍼졌네.

- 물감이 변하지 않은 친구는 세게 불어볼까?

- 늑대가 아기돼지 삼형제 집을 불어서 날려 버린 것처럼 세게 불어보자.

- ○○가 불은 물감은 꽃 모양이 되었고, ○○가 불은 물감은 올챙이 모양이 되었네, 모두 다른 모양이 되었네.

4. 물감이 마른 후 벽면에 전시한다.

⊞ 기타사항

- 물감 불기를 할 때 입으로 활동을 진행할 수도 있지만 영아의 경우 입으로 불었을 때 바람이 모아지지 않아 물감이 번지지 않은 경우가 많으며, 점점 입을 물감 가까이로 가져가 입에 닿을 수 있으므로 되도록 큰 빨대를 사용하는 것이 좋다.

6.2 물감불어 동양화 그리기 유아

주요 경험	• 옛날 우리나라 그림의 특성에 대해 이야기한다. • 종이 위에 떨어진 물감 방울을 불어 나무 모양을 만들어본다.

활동 자료	먹물(검정색 물감), 도화지, 크레파스, 빨대, 우리나라 동양화 중 꽃 그림

[활동 방법]

1. 옛날 우리나라 그림에 대해 이야기한다.

   • 무엇을 그린 그림이니?

   • 무엇으로 그렸을까?

   • 어떤 그림 도구를 사용하였을까?

   • 그림에 사용된 색깔은 모두 몇 가지이니?

   • 왜 한 가지 색만 사용했을까?

   • 그림 아래쪽 도장모양이 찍혀있네, 이것은 무엇을 나타낼까?

2. 도화지에 물감을 떨어뜨린다.

   • 나무 모양을 만들려면 먹물을 종이의 어디에 어떤 모양으로 떨어뜨려야 할까?

   • 나무 몸을 만들려면 어떻게 먹물을 떨어뜨려야 할까?

   • 나무 가지를 만들려면 어떻게 먹물을 떨어뜨려야 할까?

3. 먹물 방울을 불어본다.

   • 먹물 방울을 불어보자.

   • 나무를 만들려면 어느 쪽에서 불면 나무가 만들어질까?

   • 나무 가지를 만들려면 어느 쪽에서 어느 쪽으로 불어야 할까?

   • 종이아래쪽에서 위쪽으로 불면 어떤 모양이 나올까?

   • 종이 위에서 바로 불면 먹물 방울이 어떻게 될까?

- 이번에는 빨대를 이용해서 불어보자.
- 입으로 불었을 때와 어떤 차이점이 있니?

4. 먹물이 마른 후 그림을 그린다.

- 검은색 나무 모양에 무엇을 그렸으면 좋겠니?
- 봄에 피는 꽃은 꽃이 먼저 핀 다음에 나뭇잎이 나온단다. 이야기 나눌때 봤던 그림처럼 잎이 없는 꽃을 그리려면 봄에 피는 꽃인 매화 꽃, 벚꽃 등을 그릴 수 도 있겠다.
- 그림에서는 도장을 찍었지만 우리는 도장이 없으니 종이에 이름을 쓸려면 어떻게 해야 할까?
- 종이 아래쪽에 네모를 그린 후 그 안에 빨간색 싸인펜으로 자기 이름을 쓰면 비슷한 모양이 될 수 있겠다.

5. 그림을 전시한다.

- 하드보드지로 병풍 모양을 만들어 유아의 그림을 붙여 전시한다.

⊞ 기타사항

- 가능하면 벼루와 먹을 사용하여 유아가 직접 먹물을 만들어 그림을 그릴수 있도록 한다.

7 거품 찍기

7.1 거품 찍기 영아

주요 경험	• 거품을 만들어 본다. • 거품을 만들어 종이에 거품 모양을 찍어 본다.

활동 자료	템페라 물감, 큰 빨대, 전지, 투명한 큰 볼, 무공해 주방 세제, 나무젓가락

[활동 방법]

1. 투명 볼에 거품 물감을 만든다.

   • 선생님이 거품 물감을 만들어 볼 거야 무엇이 들어가는지 보자.

   • 그릇에 물, 물감, 세제를 넣었는데, ○○가 나무젓가락으로 저어 보겠니?

2. 빨대를 불어 본다.

   • 빨대를 입에 넣어 보자.

   • 빨대를 불어 볼까?

   • 손바닥에 대고 불어 볼까?

   • 친구 머리카락에 불어 볼까?

3. 거품을 만들어 전지에 떨어뜨린다.

   • 그릇 안에 빨대를 넣어 보자.

   • 천천히 빨대를 불어 볼까?

   • 거품이 그릇 위로 올라올 때까지 불어 보자.

   • 그릇 위로 거품이 올라오면 종이쪽으로 거품을 입으로 불어 볼까?

- 거품이 없는 쪽으로도 불어 보자.
- 종이에 나타난 거품이 꽃 모양을 닮았네.

⁸⁸ 기타사항

- 무공해 세제이지만 영아들이 빨대를 통하여 물감을 빨아들이지 않도록 이야기한다.
- 거품이 만들어져 컵 위로 올라오면서 컵 안의 물이 밖으로 나올 수 있으므로 바닥에 신문지 등을 깔아 두어 물이 책상 밖으로 흐르지 않게 한다.

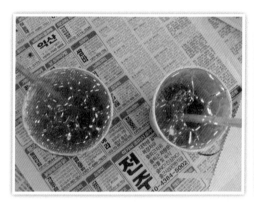
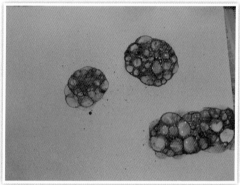

7.2 거품 찍어 그리기 `유아`

주요 경험	• 거품을 만들어 종이에 찍어 본다. • 거품 모양을 이용하여 그림을 그린다.

활동 자료	• 템페라 물감, 큰 빨대, 전지, 개인용 컵, 무공해 주방 세제, 나무젓가락

[활동 방법]

1. 개인 컵에 거품 물감을 만든다.

   • 여기에 무엇이 있니?

   • 무엇을 할 때 사용하는 것이니?

   • 세제로 주방에서 설거지를 할 때 무엇이 많이 생기지?

   • 설거지 할 때 나타나는 거품의 색깔은 무슨 색이었니?

   • 여러 가지 색깔이 있는 거품을 만들려면 어떻게 해야 할까?

   • 거품을 만들기 위해서 무엇을 컵 속에 넣어야 할까?

2. 빨대를 불어 본다.

   • 컵 속의 물에서 거품이 일어나게 하려면 어떻게 해야 할까?

   • 거품이 생긴 이유는 무엇 때문일까?

   • 빨대를 어떻게 불어야 할까?

   • 빨대를 이용해 거품을 만들어 보자.

   • 너무 세게 불면 물감이 어떻게 될까?

3. 거품을 만들어 도화지에 찍어 본다.

   • 거품이 컵 위로 올라오게 천천히 불어 보자.

   • 거품이 어떤 모습을 하면서 위로 올라오니?

   • 거품 모양이 종이에 찍히게 되려면 종이를 어떻게 해야 할까?

• 도화지를 거품 위에 올려 볼까?

• 거품이 무슨 모양을 닮았니?

• 다른 친구의 컵과 바꾸어 다른 색의 거품도 만들어 찍어 볼까?

4. 거품이 마른 뒤 거품 모양을 이용하여 그림을 그린다.

• 몇 가지 색의 거품 모양을 찍었니?

• 찍혀진 거품 모양을 자세히 살펴보자

• 이 거품 모양을 이용하여 무엇을 그릴 수 있을 것 같니?

• 커다란 꽃 모양도 닮았고, 포도송이 모양을 닮은 것이 있네, 아이스크림 같은 것도 있네, 이 모양을 이용하여 그림을 그리면 여러가지 그림이 나올 것 같다.

❀ 기타사항

• 거품이 만들어져 컵 위로 올라오면서 컵 안의 물이 밖으로 나올 수 있으므로 바닥에 신문지 등을 깔아 두어 물이 책상 밖으로 흐르지 않게 한다.

비밀 그림

8.1 양초 비밀그림 `영아`

주요 경험	• 양초로 그림을 그려 본다. • 물감에 의해 선명하게 나타 난 그림을 관찰한다.

활동 자료	• 긴 양초, 템페라 물감(진한 색), 큰 붓, 흰색 도화지, 넓은 접시

[활동 방법]

1. 재료들을 살펴본다.

    • 여기에 무엇이 있니?

    • 불을 켤 때 사용하는 초가 있구나.

    • 초를 만져볼까?

    • 미끌미끌하네.

2. 초로 그림을 그린다.

    • 초가 무슨 색이니?

    • 종이는 무슨 색이니?

    • 흰색 초로 선생님과 함께 흰색 종이에 그림을 그려보자.

    • 초가 정말 미끄럽구나.

    • 크레파스로 그리는 것보다 잘 그려진다.

    • 그런데 그림을 그렸는데 그림이 잘 보이지 않네.

    • 흰색 종이에 흰색 초로 그림을 그려서 잘 보이지 않구나.

    • 그래도 자세히 보면 그림이 보인단다. 여러 가지 그림을 그려보자.

3. 물감 물을 만들어 색칠을 한다.

- 잘 보이지 않은 그림을 잘 보이게 하려면 어떻게 해야할까?
- 선생님이 요술을 부려 볼까?
- 물감을 칠하면 그림들이 어떻게 되나 선생님과 함께 천천히 칠해 보자.
- 친구들도 붓으로 종이에 물감을 칠해 보자
- 조금 전에 그렸던 그림들이 나타나기 시작했어
- ○○는 자동차를 그렸었구나, 이제야 알겠네

❀ 기타사항

- 영아가 초로 그림을 그리기 어려울 때는 흰색 크레용으로 그려도 같은 효과가 나타난다.

8.2 쥬스 비밀그림 유아

주요 경험	• 과일 쥬스를 만들어 본다. • 과일 쥬스로 그림을 그려 본다. • 열에 의해 선명하게 나타 난 그림을 관찰한다.

활동 자료	• 믹서, 오렌지 쥬스, 붓, 흰 도화지, 다리미

[활동 방법]

1. 재료들을 살펴본다.

   • 여기에 무엇이 있니?

   • 무엇을 할 때 사용하는 것이니?

   • 이것으로 무엇을 할 수 있을까?

2. 쥬스를 만들어 본다.

   • 오렌지로 그림을 그리려면 어떻게 해야 가능할까?

   • 오렌지로 쥬스를 만들려면 어떻게 해야 할까?

   • 쥬스를 만드는 방법은 몇 가지가 있을까?

3. 쥬스로 그림을 그린다.

   • 쥬스로 종이에 그림을 그려보자.

   • 그림을 그렸는데 그림이 어떻게 되었니?

   • 그림이 왜 잘 보이지 않을까?

4. 그림이 마르면 그림 위를 다림질 한다.

   • 잘 보이지 않은 그림을 잘 보이게 하는 방법은 무엇이 있을까?

   • 그림을 뜨거운 다리미로 다리면 그림이 어떻게 될까?

   • 선생님과 함께 그림을 뜨겁게 다려 보자.

- 그림이 다리미로 다리기 전과 어떻게 달라졌니?

- 왜 진하게 변했을까?

※ 기타사항

- 뜨거운 다리미는 위험하므로 그림을 다릴 때는 반드시 선생님과 함께 한다.

9 핑거페인팅

9.1 생크림 핑거페인팅 [영아]

주요 경험	• 생크림을 손으로 만지며 그림을 그린다. • 생크림을 컵에 담고 다시 쏟아 본다.
활동 자료	• 생크림(압축 통), 투명 아세테이트(투명 비닐), 색깔 전지, 투명한 컵, 건포도 (포도, 방울 토마토)

[활동 방법]

1. 재료들을 살펴본다.
   - 여기에 무엇이 있니?
   - 바닥에 무엇이 덮여 있니?
   - 종이 위에 비닐이 덮여 있구나
   - 케이크를 먹어 본 적이 있니?
   - 케이크에 묻어 있는 하얀 생크림이 들어 있는 통이란다.
   - 오늘은 생크림과 건포도를 먹지 않고 재미있는 놀이를 할거야.

2. 통 안에 있는 생크림을 밖으로 쏟아 낸다.
   - 이 안에 있는 크림을 밖으로 나오게 하려면 어떻게 해야 할까?
   - 선생님과 함께 통 위를 눌러보자.
   - 하얀 생크림이 "부부부" 소리를 내며 밖으로 나왔네.
   - 하얀 솜을 닮았어.
   - ○○도 선생님과 함께 눌러볼까?

3. 생크림으로 그림을 그린다.

- 두 번 째 손가락을 크림 속으로 "쏘오옥" 넣어 볼까?

- 다시 빼 보자 손가락에 생크림이 묻었네.

- 이제 손가락으로 크림 위를 살살 만져 보자.

- 정말 부드럽구나.

- 이제 두 손으로 선생님처럼 생크림을 만져 보자.

- 두 손 안에 생크림을 담아 보자.

- 두 손으로 생크림을 비벼 보자.

- 손안 에 거품을 넣고 꼭 쥐어보면 거품이 어떻게 되니?

- 거품이 손 밖으로 나와 버렸구나.

- 손가락으로 동글동글 동그라미도 그려보고, 선생님처럼 사람 얼굴도 그려보자.

4. 건포도를 숨기고 찾아본다.

- 여기에 있는 건포도를 크림 위로 떨어뜨려 보자.

- 건포도가 크림 속으로 숨어버렸네.

- 건포도를 찾아볼까.

- 건포도를 다시 찾아 선생님께 줄 수 있겠니?

- 누가 많이 찾을까?

5. 컵에 생크림을 담아 본다.

- 컵에 생크림을 담을 수 있을까?

- 손으로 생크림을 떠서 컵 속에 넣어보자.

- 건포도도 함께 넣어보자.

- 컵에 가득 차게 담아보자.

- ○○의 컵은 생크림이 가득 찼구나.

9.2 밀가루 풀 핑거페인팅 유아

주요 경험	• 밀가루 반죽을 만들어 보고 반죽의 부드러움과 끈적거림을 느껴 본다. • 신체의 일부로 그림을 그려본다.

활동 자료	• 템페라 물감, 물, 밀가루, 투명 비닐 봉투(위생봉투), 전지

[활동 방법]

1. 재료들을 살펴본다.

   • 여기에 무엇이 있니?

   • 무엇을 할 때 사용하는 거니?

   • 이것으로 무엇을 하면 좋을까?

2. 밀가루 풀을 만들어 본다.

   • 풀을 만들려면 어떻게 해야 할까?

   • 비닐 봉투에 밀가루를 넣어 보자.

   • 물과 밀가루, 물감을 넣어 볼까?

   • 선생님이 밀가루가 나오지 않도록 비닐을 묶어 줄게.

   • 비닐 입구 쪽을 한 손으로 모아 잡고 다른 손으로 조물조물 문질러 보자.

   • 너무 세게 문지르면 비닐 봉투가 터질 수 있으므로 부드럽게 문질러 보자.

   • ○○는 왜 밀가루와 물감이 잘 섞이지 않을까?

   • ○○는 색깔을 더 진하게 하려면 무엇을 어떻게 해야 할까.

   • 비닐 봉투를 만지면 어떤 느낌이 드니?

   • 무엇을 만지는 것과 비슷하니?

3. 밀가루 풀로 그림을 그린다.

   • 비닐 봉투 안에 있는 밀가루 풀을 종이 위로 쏟아 보자.

- 밀가루 풀로 그림을 그려볼까

- 손가락으로 그려볼까?

- 손바닥으로 그려볼까?

- 크게 그림을 그려보자.

- 무슨 느낌이 드니?

4. 그림을 그늘에 말린 뒤 전시한다.

❈ 참고사항

- 마지막 단계에서 밀가루 풀에 굵은 소금, 톱밥 등을 넣어 핑거페인팅을 하면 다양한 촉감을 느낄 수 있다.

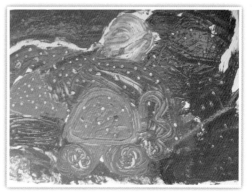

10 보지 않고 그리기

10.1 다른 곳 보고 그리기 유아

주요 경험	• 종이를 보지 않고 그림을 그려 본다. • 선생님과 함께 그려본다.

활동 자료	• 도화지, 크레파스

[활동 방법]

1. 도화지와 크레파스를 탐색한다.

   • 도화지 가운데를 손바닥으로 만져 볼까?

   • 도화지의 선을 따라 만져 보자.

   • 친구들이 좋아하는 크레파스를 하나 골라 볼까?

   • ○○는 노랑색을 골랐구나.

2. 다른 곳을 보며 선생님과 함께 그림을 그린다.

   • 종이에 무엇을 그리고 싶니?

   • 종이의 어디에 그리고 싶니?

   • 손가락으로 가리켜 보겠니?

   • 종이를 보지 않고 창밖을 보면서 ○○가 그리고 싶은 사과를 선생님과 함께 그려보자.

   • 선생님은 ○○의 손만 잡고 있을게, ○○는 사과를 그리세요.

   • 그린 그림을 볼까?   • 그림을 보니 어떠니?

   • 아주 작을 사과가 되었네.   • 이번에는 무엇을 어디에 그리고 싶니?

10.2 눈 감고 그리기 유아

주요 경험	눈을 감고 그림을 그려 본다. 눈을 뜨고 그린 그림과 비교하여 본다.

활동 자료	도화지 2장, 크레파스

[활동 방법]

1. 도화지와 크레파스를 탐색한다.

 • 도화지의 크기를 손으로 만져 보자.

 • 도화지를 손바닥으로 가려보자.

 • 도화지가 손바닥보다 몇 배 더 큰지 재어보자.

 • 친구들이 좋아하는 크레파스 5개를 골라보자.

 • ○○는 무슨 색의 크레파스를 골랐니?

2. 도화지에 그림을 그린다.

 • 무슨 그림을 그리고 싶니?

 • 그것을 도화지 어느 곳에 그리고 싶니?

 • 또 다른 그림을 어디에 무엇을 그리고 싶니?

 • 도화지의 어디에 무엇을 그리고 싶은지 결정한 친구는 그림을 그려보자.

3. 눈을 감고 그림을 그려본다.

 • 눈을 감고 조금 전에 그렸던 그림을 새로운 도화지에 다시 그려볼 수 있을까?

 • 마음속으로 준비한 친구는 눈을 감고 그림을 그려보자.

 • 한 손에 크레파스를 손에 쥐고 다른 손으로 그림을 그려보자.

 • 다른 색으로 그림을 그리고 싶으면 손에 쥐고 있는 다른 크레파스를 골라 보자.

4. 그림을 비교한다.

- 눈을 감고 그림을 그렸을 때 느낌이 어떠하였니?

- 무슨 생각을 하였니?

- 눈을 뜨고 그린 그림과 눈을 감고 그린 그림을 옆에 놓아 볼까?

- 어떤 차이점이 있니?

- 그렸는데 없는 그림이 있니?

- 어디로 갔을까?

5. 그림을 전시한다.

- 두 그림을 좌우로 붙여 전시한다.

11 얼음 그림

11.1 얼음 굴리기 영아

주요 경험	• 얼음을 얼리고 만져 본다. • 색깔 얼음으로 그림을 그려본다.
활동 자료	• 도화지(상자 안에 들어갈 수 있는 크기), 낮은 상자, 얼음 얼리기 판 5개, 물감, 색 얼음

[활동 방법]

1. 재료를 탐색한고 얼음을 얼린다.

   • 무엇을 할 때 사용하는 거니?

   • 이것으로 무엇을 해 볼까?

   • 얼음으로 그림을 그리기 위해 얼음을 얼려 보자.

   • 물에 물감을 탄 다음에 얼음판에 물감을 부어 볼거야.

   • 빨간색, 노란색, 파랑색, 초록 색, 주황색 얼음물을 만들어 보자.

   • 얼음판에 빨간 물을 넣어.

   • 다른 얼음판에는 노란색 물을 넣어보자.

   • 냉동실에 얼음판을 넣으러 갈까?

2. 얼음으로 그림을 그린다.

   • 얼음을 만져 볼까?

   • 차가운 느낌이네.

   • 오래 만지고 있었더니 손이 아파 잡을 수가 없네.

- 어떻게 얼음으로 그림을 그릴 수 있을까?

- 상자 안에 도화지를 넣어 볼까?

- 상자를 잡고 이리 저리 움직여 보자.

- 상자 안에 얼음을 넣으면 얼음이 어떻게 될까?

- 얼음이 이리 저리 움직이면 도화지가 어떻게 될까?

- 얼음이 움직일 때 마다 종이에 그림이 그려지는 구나.

- 다른 색의 얼음도 넣고 이리저리 얼음을 굴려 보자.

❀ 참고사항

- 아침에 등원하여 얼음을 얼리고 2-3시간이 지난 후 활동을 한다. 영아는 시간 개념
  이 약하므로 얼음을 얼리고 활동이 다음날이 되지 않도록 한다.

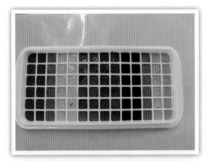

11.2 얼음으로 그리기 `유아`

주요 경험	• 얼음을 얼리고 만져 본다. • 색 얼음이 녹으면서 그림이 그려진다는 것을 경험한다.

활동 자료	도화지, 얼음 얼리기 판 5개, 물감, 아이스크림 막대(절반 크기의 나무 젓가락)

[활동 방법]

1. 재료를 탐색한고 얼음을 얼린다.

- 무엇을 할 때 사용하는 거니?

- 이것으로 무엇을 해 볼까?

- 얼음으로 그림을 그리려면 어떻게 해야 할까?

- 하얀 얼음으로 그림을 그릴 수 있을까?

- 색 얼음을 만들기 위해서는 어떻게 해야 할까?

- 얼음이 차가운데 오랫동안 손으로 잡고 그림을 그릴 수 있을까?

- 얼음으로 오랫동안 그림을 그리려면 어떻게 얼음을 얼려야 할까?

- 얼음판에 같은 색의 물감 물을 부어 볼까?

- 다른 얼음판에는 다른 색의 물감 물을 부어 보자.

- 손잡이가 될 수 있도록 얼음판 칸칸에 막대를 꽂아 보자.

2. 얼음으로 그림을 그린다.

- 얼음을 만져 볼까?

- 어떤 느낌이니?

- 얼음으로 어떻게 그림을 그리면 될 것 같니?

- 막대기를 잡고 얼음으로 그림을 그려보자.

- 도화지에 그림이 그려지면 얼음이 어떻게 되니?

※ 참고사항

• 아침에 등원하여 얼음을 얼리고 2-3시간이 지난 후 활동을 한다.

12 그림 번지기

12.1 그림 위에 물 바르기 영아

주요 경험	• 싸인펜으로 그림을 그려본다. • 물에 의해 그림이 변화는 모습을 관찰한다.

활동 자료	• 도화지, 굵은 수성 싸인펜, 물, 큰 붓

[활동 방법]

1. 재료에 대해 이야기한다.

   • 무엇을 할 때 사용하는 거니?

   • 이것으로 무엇을 해 볼까?

   • 붓은 있는데 왜 물감은 없을까?

   • 붓으로 물을 바를 수도 있겠다.

2. 싸인펜으로 그림을 그린다.

   • 싸인펜으로 그림을 그려보자.

   • 무엇을 그리고 싶니?

   • 여기 저기 많이 그려볼까?

3. 그림 위를 붓으로 물을 바른다.

   • 붓으로 그림 위에 물을 바르면 그림이 어떻게 될까?

   • 붓에 물을 흠뻑 묻힌 다음 그림 위를 천천히 칠해 보자.

   • 그림이 어떻게 되었니?

- 그림이 물 때문에 번지고 있구나.
- 그림이 번져서 모양이 달라졌어.
- 물이 요술을 부리는 것아.

4. 그림을 말린다.

- 건조대에 집개로 집어 말린다.

12.2 젖은 종이에 그리기 `유아`

주요 경험	• 종이를 물로 젖게 한다. • 젖은 종이 위에 그림을 그려본다.

활동 자료	• 도화지, 수성 싸인펜, 가루 물감, 물, 분무기

[**활동 방법**]

1. 재료에 대해 이야기한다.

   • 무엇을 할 때 사용하는 거니?

   • 분무기를 사용해 본적이 있니?

   • 무엇을 할 때 사용했었니?

2. 종이에 분무기로 물을 뿌리고 그림을 그린다.

   • 분무기에 물을 넣고 물을 뿌려 보자.

   • 종이 위에 골고루 흠뻑 뿌려 보자.

   • 분무기를 사용하기 힘 든 친구는 선생님이 도와줄게.

3. 젖은 종이에 싸인펜으로 그림을 그린다.

   • 싸인펜으로 그림을 그려보자.

   • 젖은 종이에 그린 그림이 어떻게 되었니?

   • 무엇 때문에 그림이 번지는 것 같니?

   • 마른 종이에 그린 그림과 어떤 차이가 있니?

4. 젖은 종이에 가무 물감을 뿌려 본다.

   • 가루 물감을 뿌리면 가루가 어떻게 변할까?

   • 그림이 없는 곳에 가루 물감을 뿌려볼까?

- 가루 물감이 어떻게 되었니?

- 가루 물감을 뿌렸지만 물감을 칠한 것과 비슷하게 되었네.

5. 그림을 말린다.

- 건조대에 집개로 집어 말린다.

12.3 얼음 종이에 그리기 유아

주요 경험	• 물에 젖은 종이를 얼려 본다. • 물이 얼어서 얼음이 되고 다시 녹는 물리적 현상을 경험한다. • 얼음이 녹아 물이 되면서 색깔들이 변하는 모습을 관찰한다.

활동 자료	도화지, 수성 싸인펜, 가루 물감, 물 물감, 붓, 분무기, 쟁반, 비닐

[활동 방법]

1. 종이를 얼려 본다.

   • 종이를 얼리게 하는 방법이 있을까?

   • 어떻게 하면 종이를 얼리게 할까?

   • 물이 있어야 종이가 얼게 되니 종이에 물을 충분히 묻혀 보자.

   • 물속에 종이를 담갔다 꺼내어 쟁반 위에 올려 보자.

   • 얼마나 지나야 종이가 얼을까?

2. 1–2시간 후에 얼음 종이를 꺼내어 그림을 그린다.

   • 30분 후, 1시간 후에 종이가 어떻게 되었는지 보자.

   • 종이가 점점 어떻게 되었니?

   • 무엇 때문에 종이가 딱딱해 졌을까?

3. 얼음 종이에 그림을 그린다.

   • 얼음 종이가 시간이 지나면 어떻게 될까?

   • 얼음 종이가 녹아서 물이 나오면 그리기 어려우니 바닥에 비닐을 깔아 보자.

   • 여기에 있는 물갈 물, 가루 물감, 싸인펜으로 그림을 그려보자.

4. 얼었던 종이가 녹으면서 그림의 색깔들이 퍼지고 섞여 변하는 모습을 관찰한다.

   • 처음에는 변하지 않고 왜 한참 후에 변할까?

• 물감, 가루 물감, 싸인펜 중 어떤 것으로 그렸을 때 그림이 가장 많이 변 하였니?

5. 그림을 말린다.

• 건조대에 눕혀서 말린다.

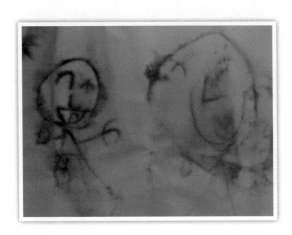

12.4 번지는 종이 유아

주요 경험	•물 이외의 다른 방법으로 물감이 번지는 방법을 찾아본다. •종이의 특성에 따라 물감의 번짐이 다르다는 것을 경험한다.

활동 자료	•도화지, 한지, 아트 만지, 커피 필터지, 마닐라지, 기름종이, 물감, 수성 싸인펜

[활동 방법]

1. 종이의 종류를 탐색한다.

   • 종이의 이름을 말 할 수 있겠니?

   • 종이의 차이점을 말 할 수 있겠니?

   • 종이를 만져 보고 차이점을 말 할 수 있겠니?

2. 다양한 종이 위에 물감과 싸인펜으로 그림을 그린다.

   • 어떤 종이에 그림을 그리기 가장 쉬웠니?

   • 왜 그랬을까?

   • 그림 그리기에 가장 어려운 종이는 어떤 것이었니?

   • 왜 그런다고 생각해?

   • 가장 많이 물감과 싸인펜 그림이 번지는 종이는 어떤 것이었니?

   • 물감과 싸인펜 그림이 번지지 않은 종이는 어떤 것이었니?

3. 그림들을 전시한다.

   • 물감이 잘 번지는 종이와 번지지 않은 종이를 나눠 볼 수 있겠니?

   • 한쪽 변 면에는 잘 번지는 그림을 붙이고, 다른 벽면에는 잘 번지지 않았다고 생각한 그림을 각자 붙여보자.

마아블링 그림

13.1 상자 마아블링하기 영아

주요 경험	• 상자를 종이로 붙여 본다. • 물감과 식용유로 새로운 물감을 만들어 상자를 꾸며 본다.

활동 자료	• 도화지, 물감, 식용유, 나무젓가락, 세로로 긴 상자(우유 상자, 화장품 상자, 샴푸 상자 등), 넓은 그릇, 가위, 풀

[활동 방법]

1. 상자를 종이로 싼다.

    • 여러 종류의 상자가 있네, 우유 상자, 화장품 상자, 샴푸 상자가 있네.

    • 여기에 그림을 그리려고 하는데 도화지를 붙이면 더 잘 그려진단다.

    • 선생님처럼 종이를 가위로 자르고 상자에 풀을 바른 다음 붙여 볼까?

    • 가위로 자르기 힘든 친구는 손으로 찢어 붙여도 돼.

2. 마아블링 물감을 만들어본다.

    • 이것은 무엇이니?

    • 물감과 식용유란다.

    • 넓은 그릇에 물을 넣은 다음 ○○가 물감을 넣어 주겠니?

    • ○○는 식용유를 넣어 주겠니?

    • ○○는 선생님과 함께 젓가락으로 저어 볼까?

    • 계속해서 저어 보자, 다른 친구도 저어 보자.

    • 동글동글, 꼬불꼬불, 뱅글뱅글 여러 가지 무늬가 생겼네.

3. 상자로 마아블링 무늬를 찍어본다.

- 상자의 위 부분을 잡아보자.
- 상자의 아래 부분을 물속에 넣었다 다시 빼 보자.
- 상자가 어떻게 되었니?
- 물 위에 있던 무늬가 상자로 옮겨졌네.
- 상자에 무늬가 생겼구나.

4. 그림을 집게로 고정시켜 줄에서 말린다.

13.2 마아블링 무늬를 이용하여 그리기 _{유아}

주요 경험	• 기름은 물 위로 뜬 다는 것을 관찰한다. • 물과 기름이 섞이지 않는 성질을 이용하여 우연에 의해 만들어진 무늬를 종이에 흡착시킨다.

활동 자료	• 마아블링 물감, 오린 물고기 모양 2–3마리, 넓은 그릇, 종이컵, 도화지1장, 작은크기로 자른 도화지 여러 장, 가위, 풀, 나무젓가락, 집게

[활동 방법]

1. 마아블링 물감을 물에 넣고 물감의 특성에 대해 이야기한다.

   • 물감을 종이컵 물에 넣어 볼게?

   • 물감이 어떻게 되었니?

   • 다른 물감과 어떤 차이가 있니?

   • 이 물감이 물 위에 뜨는 이유는 무엇일까?

   • 오늘은 물 위에 뜨는 물감을 이용하여 그림을 그릴거야

2. 주제에 따라 무엇을 그릴 것인지 결정한다.

   • 바다 속, 동산, 하늘 등 무엇을 그려볼까?

   • 바다 속을 그리기 위해2-3가지 물감을 사용한다면, 어떤 색의 물감 사용하고 싶니 골라 볼까?

   • 도화지를 반으로 잘라 보자.

   • 도화지에 물고기를 붙여 볼까?

3. 마아블링 무늬를 종이에 찍는다.

   • 바다 속을 그리기 위해 하늘색과 파랑색, 초록색의 물감을 골랐구나.

   • 물에 결정한 색깔의 물감을 넣어 보자.

   • 물감이 어떻게 되었니?

- 물 위에 떠 있는 물감을 나무젓가락으로 저어 보자.

- 물감이 어떻게 되었니?

- 물고기가 있는 종이를 집게로 잡고 물 위에 살짝 덮었다가 들어 올려보자.

4. 마른 후 무늬를 이용해 바다 속을 표현한다.

- 물고기를 종이에서 떼어 내어 보자.

- 물고기 부분만 하얗게 되었네.

- 무늬를 다른 도화지에 붙여 볼까?

- 무늬를 이용해 바다를 꾸며 보자.

5. 그림을 전시한다.

- 어디에 이 그림을 전시하고 싶니?

❀ 참고사항

- 유아가 각자 찍어낸 무늬를 전지에 붙여 협동 활동으로 큰 바다 속을 구성할 수 도 있다.

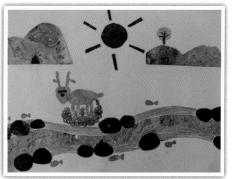

14 우리 몸 찍기

14.1 입술 찍어 얼굴 그림 그리기 영아

주요 경험	• 립스틱을 입술에 발라본다. • 보이지 않았던 입술의 생김새와 특징을 볼 수 있다.
활동 자료	동그란 도화지, 크레파스나 색연필, 유성 매직, 립스틱, 손거울, 마요네즈나 케찹 통

[활동 방법]

1. 재료를 탐색한다.

   • 여기에 무엇이 있니?

   • 어디서 보았니?

   • 이것으로 무엇을 해 볼까?

2. 도화지에 그림을 그린다.

   • 종이가 무슨 모양이니?

   • 얼굴을 닮은 동그란 모양이구나.

   • 얼굴에는 무엇이 있지?

   • 종이에 입은 그리지 않고 머리, 눈썹, 눈, 코 만 그릴 수 있을까?

3. 립스틱으로 입술을 바른 후 종이에 찍는다.

   • 거울을 보고 립스틱으로 입술을 발라 볼까?

   • ○○는 분홍색 립스틱을 발랐구나.

   • 선생님처럼 해 볼까? 아, 오, 이, 예.

- 입술을 종이의 어디에 찍어야 할까?
- 여기에 ○○의 입술을 찍으니까 ○○ 얼굴이 되었네.
- 입술에 많은 줄무늬가 있구나, 입술이 되었고, ○○는 빨간색 입술이 되었네
- 입 모양을 여러 가지로 해 보자.

4. 케찹 통에 얼굴을 그린다.

- 통에 친구의 얼굴을 그려 볼 수 있을까?
- 이번에도 입은 그리지 않고 머리, 눈썹, 눈, 코 만 그려보자.
- 통의 뚜껑이 있는 부분을 한 손으로 잡고 다른 한 손으로 그려보자.
- 크레파스로 그려보니 어떠니?
- 크레파스나 색연필은 잘 그려지지 않으니 매직으로 그려보자.

5. 케찹통에 입술을 찍는다.

- 거울을 보고 립스틱으로 입술을 그려보자.
- 어디에 입술을 찍어야 될까?
- 통을 들고 입술을 대어 보자.
- ○○가 분홍 입술 모양을 찍어 주었더니 케찹 인형이 되었네.

6. 케찹 통을 세워 전시한다.

- 케찹 통을 세워 볼까?
- 통이 잘 넘어 지네.
- 어떻게 하면 넘어지지 않을까?
- 통 안에 물을 넣어 보자.
- 색깔 있는 인형을 만들기 위해 통 안에 물감을 넣은 다음 흔들어 보자.

14.2 우리 몸의 주름으로 그림 그리기 [유아]

주요 경험	• 잘 보이지 않았던 주름의 생김새와 특징을 볼 수 있다. • 우리 몸의 주름 모양을 이용하여 다양한 그림을 그려 본다.

활동 자료	• 도화지, 립스틱, 그리기 도구, 돋보기, 손거울

[활동 방법]

1. 신체를 탐색한다.

   • 우리 몸 중에 주름이 있는 곳은 어디일까?

   • 입술, 손바닥, 손바닥 옆, 손가락, 발바닥, 팔꿈치, 무릎

   • 우리 몸에 주름은 왜 있을까?

   • 주름이 있는 곳과 없는 곳의 차이점은 무엇일까?

   • 너무 작아 잘 보이지 않은 곳은 어떻게 하면 잘 볼 수 있을까?

   • 모든 것을 보이게 하는 돋보기로 자기 몸을 살펴보고, 친구의 몸도 관찰해 보자.

2. 도화지에 신체의 여러 부분을 찍는다.

   • 우리 몸에 있는 무늬를 종이에 찍게 하려면 어떻게 해야할까?

   • 찍고 싶은 부분에 립스틱을 바른 후 종이에 찍어 보자.

   • 우리 몸 여러 부분에 립스틱을 바를 때 어떤 느낌이 들었니?

   • 팔꿈치는 친구가 발라 주면 할 수 있겠다.

   • 무릎을 찍을 때는 종이를 무릎 위로 가져가 찍으면 쉽겠다.

   • 주먹을 쥐고 아래 부분을 찍으니 발 모양이 생겼네.

3. 다양한 모양으로 찍은 뒤 활용하여 그림을 그린다.

   • 입술 모양을 동그랗게 찍고 꽃잎을 그렸더니 꽃이 되었네.

   • 검지를 여러 번 찍어 길게 만들었구나, 다리를 그리니 지네가 되었네.

- 입술 모양으로 물고기를 만든 친구도 있구나.

- 주먹을 찍고 발가락을 그렸더니 정말 발 모양이 되었네.

- 손가락 모양으로 잠자리를 만든 친구도 정말.

- 우리 몸으로 정말 많은 것을 그리 수 있네.

4. 그림을 전시한다.

- 어디에 전시하면 좋겠니?

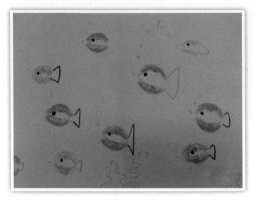 

15 은박지에 그리기

15.1 은박지(알루미늄호일)로 포장하여 그리기 영아

| 주요 경험 | • 은박지로 물건을 포장해 본다. |
| | • 은박지 상자에 그림을 그려본다. |

| 활동 자료 | • 마닐라지(여러 모양의 카드), 여러 종류의 상자, 굵은 유성 싸인펜, 은박지 |

[활동 방법]

1. 재료를 탐색한다.

- 여기에 무엇이 있니?

- 어디서 보았니?

- 무엇을 할 때 사용하는 거니?

- 주로 부엌에서 음식을 덮기도 하고 포장도 하는 알루미늄 호일이란다.

2. 카드와 상자를 은박지로 포장 한다.

- 여러 모양의 종이 카드가 있네.

- 호일을 잘라서 카드를 포장 볼까?

- 호일을 바닥에 깔고 그 위에 카드를 놓아 볼까?

- 선생님처럼 종이 카드가 보이지 않게 호일로 포장 해 보자.

- 다 되었으면 손으로 꼭꼭 눌러보자.

- 주름이 많이 생겼네.

- 얇은 은박지가 두꺼운 은박지로 변했네.

- 이번에는 상자를 포장해 볼까?

- 호일을 바닥에 깔고 그 위에 상자를 놓아 볼까?

- 상자가 보이지 않게 호일로 포장해 보자.

3. 카드와 상자에 그림을 그린다.

- 싸인펜으로 카드에 그림을 그려보자.

- 종이에 그렸을 때 보다 미끌미끌해서 잘 그려지네.

- 종이에 그렸을 때와 색깔이 다르네, 더 희미하네.

- 은박지에도 그림을 그릴 수 있구나.

4. 그림을 전시한다.

- 천정에 매 달에 전시한다.

15.2 은박(알루미늄호일)지 접시에 그리기 _{유아}

주요 경험	• 다양한 종이에 그림을 그리면서 차이점을 느낀다. • 재활용품을 활용하여 장식품을 만들어 본다.

활동 자료	• 다양한 크기의 은박 접시, 그리기 도구(크레파스, 색연필, 연필, 굵은 싸인펜, 연필)

[활동 방법]

1. 재료를 탐색한다.

   • 무엇을 할 때 사용하는 거니?

   • 무엇으로 만들었을까?

   • 그런데 왜 여러 번 사용하지 못할까?

   • 접시로 사용할 때 좋은 점은 무엇일까?

2. 다양한 그리기 도구로 그림을 그린다.

   • 은박지 접시에 크레파스, 색연필, 연필 싸인펜 등 여러 가지 도구로 그림을 그려보자.

   • 무엇으로 그릴 때 가장 잘 그려지니?

   • 그림이 잘 그려지지 않는 것은 무엇이니?

   • 종이에는 잘 그려졌는데 은박 접시에는 잘 그려지지 않은 것은 무엇이니?

   • 연필로 그렸을 때와 크레파스로 그릴 때와 어떤 차이점이 있었니?

   • 무엇으로 그림을 그리고 싶니?

3. 그림을 전시한다.

   • 끈에 매 달아 벽에 전시한다.

16 모래 종이에 그리기

16.1 모래 종이에 그리기 영아

주요 경험	• 다양한 종이에 그림을 그려본다. • 모래 종이에 나타난 그림의 흔적을 다른 그림과 비교하여 관찰한다.

활동 자료	• 모래 종이, 도화지, 크레파스

[활동 방법]

1. 재료를 탐색한다.

   - 이런 종이를 본적이 있니?

   - 종이를 손바닥으로 만져 볼까?

   - 어떤 느낌이니?

   - 까끌까끌하지?

   - 모래 알 처럼 까끌까끌하지?

   - 모래 알 처럼 까끌까끌하여 모래 종이 라고 부른 단다.

   - 도화지를 손바닥으로 만져 볼까?

   - 모래 종이보다 부드럽네.

2. 모래 종이에 그림을 그린다.

   - 도화지에 마음대로 선을 그려보자.

   - 이번에는 모래 종이에 선을 그려볼까?

   - 어떻게 다르니?

   - 도화지 위에 선은 굵고 진한데, 모래종이 위에 선은 희미하네.

- 잘 그려지지 않으면 그리고 싶은 그림을 길고 크게 그려보자.
- 선생님처럼 힘을 주어 그려보자.
- 이제 그림이 잘 그려지니?
- 종이에 그릴 때 보다 더 힘들지?
- 종이가 까끌까끌하니 그리기가 힘이 드나 봐.

3. 그림을 전시한다.
   - 친구들이 신발 넣은 신발장에 그림을 붙여보자.
   - ○○의 신발 놓는 곳은 어디이니?

16.2 모래 종이 판화 `유아`

주요 경험	• 다양한 종이에 그림을 그리면서 차이점을 느낀다. • 모래 종이에 나타난 그림의 흔적을 다른 그림과 비교하여 관찰한다. • 크레파스가 열에 의해 녹는다는 것을 경험한다.
활동 자료	• 도화지 2장, 모래 종이(도화지의 절반 크기), 크레파스(유성), 다리미, 신문지

[활동 방법]

1. 재료를 탐색한다.

   • 여기에 무엇이 있니?

   • 이것으로 어떻게 그림을 그릴 수 있을까?

   • 다리미는 어떻게 사용할까?

   • 모래 종이를 만져 볼까?

   • 어떤 느낌이니?

   • 모래 알 처럼 까끌까끌하다고 하여 모래 종이라고도 하고 사포라고도 부른단다.

2. 모래 종이에 그림을 그린다.

   • 종이에 그림을 그려보자.

   • 도화지에 그릴 때와 다른 점을 느꼈니?

   • 도화지에 그려서 나타난 그림과 모래 종이 위에 나타난 그림이 차이가 있니?

   • 크레파스가 어떻게 되었니?

   • 도화지에 그렸을 때 보다 빨리 작아지네.

   • 크레파스 가루가 많이 생기는구나.

   • 도화지에 그릴 때 보다 힘주어 그려보자.

3. 모래 종이를 다리미 열에 의해 도화지에 찍히게 한다.

- 바닥에 신문지를 넓게 펴서 놓아 보자.

- 도화지를 반으로 접은 다음 신문지 위에 도화지를 놓아 볼까?

- 도화지 반 쪽에 모래 종이를 놓은 다음 나머지 반 쪽의 도화지로 덮어 보자.

- 모래 종이를 선생님과 함께 다리미로 다려 볼까?

- 모래 종이가 뜨거워 질 때까지 다려 보자.

- 모래 종이에 그려진 그림이 어떻게 될 것 같니?

- 다리미를 제 자리에 놓고 모래 종이 그림이 뜨거우니 선생님이 들어볼게.

- 모래 종이에 있는 그림이 어떻게 되었니?

- 모래 종이에 있던 그림이 도화지로 옮겨졌네.

- 어떻게 그림이 옮겨 졌을까?

4. 그림을 전시한다.

- 모래 종이 그림과 찍혀진 그림을 함께 전시한다.

 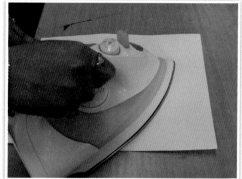

16.3 크레파스 녹여 그리기 유아

주요 경험	• 크레파스가 열에 의해 녹는다는 것을 경험한다. • 녹은 크레파스로 그림을 그리면 다른 느낌의 그림이 그려진다는 것을 경험한다.

활동 자료	• 크레파스(유성), 모래 종이(도화지의 1/4크기), 굵고 넓은 양초, 컵 모양의 그릇, 신문지

[활동 방법]

1. 재료를 탐색한다.

   • 무엇이 있니?

   • 이것으로 어떻게 그림을 그릴 수 있을까?

   • 양초는 어디에 사용 할 것 같니?

2. 모래 종이에 그림을 그린다.

   • 선생님이 초에 불을 붙인다음 잡고 있을게.

   • 크레파스를 불에 갖다 대면 크레파스는 어떻게 될까?

   • 너무 오랫동안 불에 대고 있으면 크레파스가 어떻게 될 것 같니?

   • 크레파스가 녹으면 모래 종이 위에 그림을 그려보자.

   • 크레파스가 다시 어떻게 되었니?

   • 굳어지면 다시 불에 갔다 대고 반복하면서 원하는 그림을 그려보자.

   • 크레파스로 모래 종이에 그렸던 그림과 불에 녹은 크레파스로 그린 그림은 어떤 차이가 있니?

   • 다른 종류의 종이도 많은데 왜 모래 종이에 크레파스를 녹여 그릴까?

3. 가정에서 부모님과 함께 그림을 감상한다.

- 엄마, 아빠에게 그림을 보여주며 무엇으로 그렸는지 맞춰 보라고 수수께끼를 내어 보겠니?

- 어떻게 그렸는지도 맞춰 보라고 하면 뭐라고 하실까?

- 엄마, 아빠와 이야기 한 후 선생님에게 알려 주세요.

 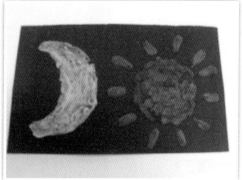

17 데칼코마니

17.1 같은 모양 만들기 영아

주요 경험	• 종이 위에 물감을 짜 본다. • 같은 모양을 만들어 본다.

활동 자료	• 물감, 도화지

[**활동 방법**]

1. 종이를 반으로 접어 본다.

   • 종이와 여러 색의 물감이 있네.

   • 선생님처럼 종이를 반으로 접고 눌러 보자.

   • 종이가 작아졌네, 다시 펴 볼까, 가운데 선이 생겼네.

2. 종이 위에 물감을 짜 본다.

   • 좋아하는 색깔의 물감을 골라본다.

   • 한 쪽의 종이 위에 선생님처럼 물감을 짜 보자.

   • 동그랗게도 짜 보고, 길게도 짜보고, 넓게도 짜 보자.

   • 다른 색의 물감도 짜 볼까?

3. 종이를 반으로 접어 손으로 문지른 후 펼친다.

   • 종이를 접어 보자.

   • 종이 안의 물감이 퍼지도록 손바닥으로 쓰윽 쓰윽 문질러 볼까?

   • 종이 안에 물감이 들어 있으니 종이가 더 부드럽고, 차가운 느낌도 드네.

- 종이 안에 있는 물감이 어떻게 되었을까?

- 물감이 어떻게 되었는지 종이 안의 물감을 보면서 천천히 펴 보자.

- 물감이 서로 섞여져서 다른 색깔이 생겼네, 똑같은 그림이 두 개가 되었구나.

4. 그림을 전시한다.

- 이 그림을 어디에 두면 좋을까?

- 선생님과 함께 나비모양을 오려서 나비가 있는 꽃밭을 만들어 보자.

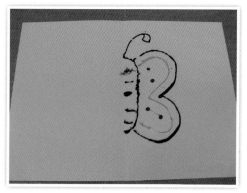 

17.2 나비 만들기 유아

주요 경험	• 좌우대칭의 우연적 효과를 만들어 보고 경험한다. • 나타난 결과물로 나비를 만들어 본다.

활동 자료	물감, 도화지, 그리기 도구, 큰 빨대, 접착 테이프, 가위

[활동 방법]

1. 종이를 반으로 접어 물감을 짜 본다.

   • 종이를 반으로 접은 다음 문질러 보자.

   • 종이를 편 다음 가운데 긴 선을 중심으로 한쪽에만 물감을 짜 볼까?

   • 많이, 조금, 길게, 동그랗게, 여러 색의 물감을 짜 보자.

   • 종이를 다시 접어 종이 안의 물감이 퍼지도록 문질러 볼까?

   • 처음 종이를 접고 문지를 때와 어떤 차이점이 있니?

   • 종이 안에 있는 물감이 어떻게 되었을까?

   • 물감이 어떻게 되었는지 종이 안의 물감을 보면서 천천히 펴 보자.

   • 물감이 어떻게 되었니?

   • 물감들이 서로 섞여져 다른 색의 물감이 나타났네.

   • 어떤 모양이니?

   • 오른쪽 왼쪽 똑같은 그림이 되었네, 마치 나비처럼.

2. 그림을 말린 뒤 오려 나비 모양을 만들어 본다.

   • 나비를 만들려면 이 그림을 어떻게 해야 할까?

   • 그리기 도구를 사용하여 친구들이 원하는 나비 모양을 만들어 볼까?

   • 모양을 따라 가위로 오려 보자.

   • 나비의 날개가 되었네.

- 나비의 몸통은 무엇으로 만들어볼까?
- 그림 뒤쪽에 스트로우를 붙여 보자.

3. 나비를 날려본다.

- 나비를 움직이며 "나비야" 노래를 불러 볼까?
- 하늘로 나비를 날려 볼까?
- 누가의 나비가 가장 멀리 날아갈까?

자화상 그리기

18.1 얼굴 사진으로 자화상 그리기 영아

주요 경험	• 내 얼굴을 탐색한다. • 얼굴 사진으로 자화상을 그려본다.

활동 자료	얼굴이 크게 찍힌 영아 사진, TP지, 유성 굵은 싸인펜, 투명테이프

[활동 방법]

1. 얼굴사진을 탐색한다.

   • 누구의 사진일까?

   • 얼굴에 무엇이 있니?

   • 눈은 몇 개 이니?

   • 얼굴에는 눈, 코, 입, 눈썹, 머리카락이 있구나.

2. TP지에 내 얼굴을 그린다.

   • 사진 위에 투명한 종이를 올려놓아 보자.

   • 친구들의 얼굴이 그대로 보이네.

   • 사진이 움직이지 않게 선생님이 테이프로 붙여줄게.

   • 얼굴 모양을 따라 그림을 그려볼까?

   • 눈도 그리고, 눈썹도 그리고, 입도 그리고

   • ○○는 입술을 빨간색으로 칠했구나.

   • ○○는 머리카락을 똑같이 그렸네.

- ○○는 눈도 그렸구나.
- ○○는 속눈썹도 그렸네.

3. 사진과 분리하여 오린다.

- 아래에 있는 사진을 떼어 내어보자.
- 친구들이 테이프를 떼어 볼 수 있겠니?
- 투명한 종이에 무엇이 그려졌니?
- 친구들의 얼굴이 똑 같이 그려졌네.
- 선생님과 함께 친구들의 얼굴 모양을 가위로 오려보자.

4. 그림을 투명한 곳(유리창, 유리문, …)에 붙여 전시한다.

18.2 거울 보며 자화상 그리기 [유아]

주요 경험	• 내 얼굴을 세밀히 관찰하고 탐색한다. • 내 얼굴을 자세히 표현해 본다.

활동 자료	• 세워지는 작은 거울, 연필, 지우개, 도화지

[활동 방법]

1. 거울로 자신의 얼굴을 탐색한다.

   • 내 얼굴을 볼 수 있는 방법은 무엇이 있지?

   • 거울로 내 얼굴을 볼까?

   • 내 얼굴에는 무엇이 있지?

   • 다른 친구는 없는데 내 얼굴에만 무엇이 있는 친구 있니?

   • ○○는 볼에 점이 2개 있구나.

   • ○○는 이마에 상처가 있네.

   • ○○는 속눈썹이 정말 길어서 예쁘다.

   • ○○는 앞니가 두 개 빠지고 없네.

2. 연필로 자신의 얼굴을 그려본다.

   • 연필로 그림을 그려 본 적 있니?

   • 연필은 주로 글을 쓰지만 그림을 그릴 수 도 있단다.

   • 연필로 그리면 좋은 점은 무엇이 있을까?

   • 연필로 그려서 힘든 점은 무엇이 있을까?

3. 자신의 얼굴과 그려진 얼굴을 비교한다.

   • 자신의 얼굴과 정말 똑같이 그린 곳은 어디라고 생각하니?

   • 자신의 얼굴과 다르게 그려진 곳은 어디인 것 같니?

- 어떻게 다르니?
- 다르게 표현된 부분을 고치고 싶으면 어떻게 해야 할까?

4. 전시를 한다.

- 유아의 얼굴 사진과 나란히 자화상을 전시한다.
- 유아의 전체 얼굴을 전지에 붙여 전시하여 우리반 친구들이란 제목으로 교실의 문이나 현관에 전시할 수 있다.

19 뿌리는 그림

19.1 분무기로 그림 그리기 영아

주요 경험	• 실외에서 다양한 방법으로 그림을 그려본다. • 손의 움직임에 의해 물감을 분무하는 경험을 체험한다.

활동 자료	• 작고 투명한 분무기 5개, 물감 5색, 물, 전지, 투명 테이프

[활동 방법]

1. 재료를 탐색한다.

   • 여기에 무엇이 있니?

   • 무엇을 할 때 사용하는 거니?

   • 사용해 본 적이 있니?

   • 꽃이나 나무에게 물을 줄 때 사용하기도 하고 ,엄마가 머리에 물을 뿌리기도 하고, 다림질 할 때 옷에 물을 뿌릴 때 사용한단다.

   • 선생님과 함께 물을 뿌려 볼까?

   • 손가락에 힘을 주어 잡아당기면 되는구나.

2. 분무기에 물감 놓고 분무 한다.

   • 분무기가 모두 5개 있네.

   • 선생님과 함께 뚜껑을 돌려서 열여보자.

   • 분무기에 물을 넣고 물감도 넣은 다음 흔들어 볼까?

   • 분무기에 무슨 색깔을 넣을까?

   • 다음 분무기에는 무슨 색깔의 물감을 넣고 싶니?

3. 벽에 전지를 붙이고 물감을 분무한다.

- 벽에 종이를 붙여 보자.

- 벽에 종이가 떨어지지 않게 하려면 어떻게 해야 할까?

- 선생님과 함께 테이프로 종이를 붙여 보자.

- 종이에 분무기로 물감을 뿌려 볼까?

- ○○는 파랑색 물감이 든 분무기를 들었구나.

- 먼저 바닥에 뿌려 보자.

- 삭삭 소리를 내며 물감이 나오네.

- ○○의 분무기에서는 삑삑 소리가 나네.

- 물감이 얼마만큼 멀리 가는지 잘 보자.

- 물감이 어떻게 나오는지도 잘 보자.

- 종이에 물감을 뿌려볼까?

- 왜 종이에 물감이 뿌려지지 않았을까?

- ○○가 너무 널리서서 뿌려서 물감이 종이에까지 가지 않았어.

- 조금 더 가까이 가서 뿌려보자.

- 물감이 종이에 뿌려진 다음 아래로 줄줄 흘러 내리네.

- ○○가 뿌린 물감과 ○○가 뿌린 물감이 섞어져서 다른 색이 되었네.

4. 그림이 마른 후에도 벽에 그대로 전시한다.

19.2 분무기로 바탕색 칠하기 유아

주요 경험	• 다양한 방법으로 그림의 색을 칠해 본다. • 크레파스와 색연필은 물에 의해 번지지 않는다는 것을 경험한다.
활동 자료	작고 투명한 분무기, 물감, 물, 도화지, 그리기 도구(크레파스, 색연필, 수성 싸인펜)

[활동 방법]

1. 재료를 탐색한다.

- 여기에 무엇이 있니?

- 무엇을 할 때 사용하는 거니?

- 사용해 본 적이 있니?

- 꽃이나 나무에게 물을 줄 때 사용하기도 하고 ,엄마가 머리에 물을 뿌리기도 하고, 다림질 할 때 옷에 물을 뿌릴 때 사용한단다.

2. 도화지에 그림을 그린다.

- 그림을 그릴 수 있는 것은 무엇이 있을까?

- 크레파스, 색연필, 싸인펜을 모두 사용하여 그림을 그려 볼 수 있겠니?

- 세 가지 그림 도구 중 ○○는 무엇으로 그릴 때 가장 좋으니?

- 왜 크레파스가 가장 좋아?

- 싸인펜은 어떤 점이 불편하니? 어떤 점이 편리하니?

3. 분무기로 바탕색을 칠한다.

- 그림이 그려져 있지 않은 흰색 부분을 크레파스와 색연필 싸인펜으로 칠하지 않고 다른 것으로 칠하는 방법은 없을까?

- 분무기로 색을 칠하면 어떻게 될까?

- ○○는 바탕을 무슨 색으로 칠하고 싶니?

- 그럼 분무기에 물을 넣고 ○○색을 넣은 다음 흔들어 보자.

- 그림이 없는 곳을 향하여 분무기로 물감을 뿌려 볼까?

- 바탕색을 빨리 칠할 수 있구나.

- 그런데 어떤 그림은 그대로 있는데 어떤 그림은 번져 버렸네.

- 무엇으로 그린 그림은 번지지 않고 그대로 있니?

- 왜 싸인펜으로 그림 그림은 번지고 크레파스나 싸인펜으로 그린 그림은 번지지 않았을까?

4. 그림을 집게로 고정하여 걸어서 말린다.

20 점으로 그리기

20.1 펀치로 점 만들어 그리기 영아

주요 경험	• 펀치로 색종이에 구멍을 내어 본다. • 동그란 점으로 그림을 그려 본다.

활동 자료	• 색종이, 작은 펀치, 도화지, 그리기 도구, 풀

[활동 방법]

1. 재료를 탐색하고 구멍을 뚫어 본다.

   • 이것은 무엇일까?

   • 종이에 구멍을 낼 때 사용하는 펀치야.

   • 종이를 안에 넣고 누르면 색종이에 구멍이 뚫리고 구멍 난 자리에서 동그란 색종이가 나온 단다.

   • 색종이에 동그란 구멍이 생겼네.

   • ○○도 선생님처럼 구멍을 만들어 보겠니?

   • 구멍이 뚫릴 때 마다 톡톡 소리가 나네.

2. 도화지에 그림을 그린 후 동그란 색종이를 붙인다.

   • 그리고 싶은 그림을 그려볼까?

   • ○○가 그린 그림 중 색을 칠하고 싶은 곳이 있니?

   • 그럼 펀치로 구멍을 만들어 붙여 보자.

   • ○○는 노란 색종이에 구멍을 뚫고 있구나 , 색종이에 구멍이 많이 생겼네.

   • 동그라미 나라가 되었네.

- 구멍이 뚫일 때 마다 톡톡 소리가 나는 구나.

- ○○가 그린 바나나에 어떤 색의 동그란 색종이를 붙이고 싶니?

- 바나나에 풀을 칠한 다음 노란색 동그란 색종이를 붙여 보자.

- 작아서 힘들면 선생님이 도와줄게.

- 구멍이 많이 난 색종이는 어디에 붙이고 싶니?

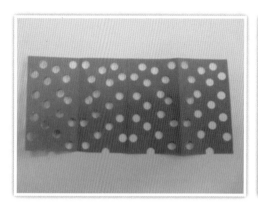
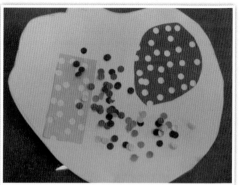

20.2 면봉으로 그리기 유아

주요 경험	• 다양한 도구와 방법으로 그림을 그려본다. • 면봉과 싸인펜을 이용하여 동그란 점으로 그림을 그려 본다.

활동 자료	• 면봉, 물감, 도화지, 굵은 싸인펜, 그리기 도구

[활동 방법]

1. 재료를 탐색한다.

    • 이것은 무엇일까?

    • 면봉은 무엇을 할 때 사용하는 거니?

    • 면봉으로 그림도 그릴 수 있을까?

2. 도화지에 그림을 그린다.

    • ○○는 모래판에서 사람들이 씨름을 하는 그림을 그리고 있구나.

    • ○○는 바닷가에서 물놀이를 하고 있는 그림을 그리고 있구나.

    • 색을 칠하는 방법은 흰 색이 보이지 않게 크레파스로 칠하는 방법만 있을까?

    • 다른 방법으로 색을 칠하는 방법은 없을까?

3. 면봉과 싸인펜을 이용하여 점으로 그려본다.

    • 면봉으로 색을 칠하면 어떻게 될까?

    • 어떤 방법으로 칠하면 좋을까?

    • 색을 칠하는 방법은 여러 가지가 있단다. 선으로 칠하는 방법도 있고, 점으로 칠하는 방법도 있어.

    • ○○는 모래판에서 씨름하는 그림 중 어느 부분을 면봉을 이용하여 표현해 보고 싶니?

    • 면봉에 물감을 흠뻑 묻힌 다음 점을 찍어 보자.

- 면봉으로 점을 찍어 모래판을 표현하니 정말 모래알처럼 느껴지네.

- ○○는 어느 부분을 면봉을 이용하여 점으로 칠해 보고 싶니?

- 면봉으로 그리기 힘든 친구는 싸인펜으로 점을 찍어 그려보자.

- 싸인펜과 면봉 중 무엇으로 점을 찍을 때 쉬었니?

- 왜 싸인펜이 더 쉬울까?

- 왜 면봉이 더 쉬웠니? 왜 더 힘들었니?

4. 그림을 전시한다.

21 본뜨기

21.1 호일로 본뜨기 영아

주요 경험	• 물건의 생김새에 대해 생각 한다. • 다양한 물건을 만져 보며 모양을 만들어 본다

활동 자료	• 여러 가지 사물(인형, 숟가락, 포크, 동전 등: 윤곽이 뚜렷한 것), 알루미늄 호일

[활동 방법]

1. 재료를 탐색한다.

   • 여기에 무엇이 있니?

   • 이름을 말해 볼까?

   • 손으로 만져 볼까?

   • 이번에는 눈을 감고 선생님이 물건을 주면 만져 보고 이름을 말해 볼까?

2. 호일로 사물의 본을 뜬다.

   • 호일을 인형의 얼굴위에 올려 놓아보자.

   • 손으로 인형의 얼굴을 문질러 볼까?

   • 눈은 어디 있니?

   • 코는 어디 있니?

   • 입은 어디 있어?

   • 호일을 동전 위에 올려 놓아보자.

   • 손으로 동전을 문질러 볼까?

3. 본 뜬 사물을 살펴본다.

- 얼굴 모양이 어떻게 나왔어?

- 인형하고 얼굴 모습이 똑같아.

- 동전에 있는 500과 똑같네.

21.2 문질러 본뜨기 유아

주요 경험	• 물건의 미세한 생김새를 관찰하고 모양을 떠 본다. • 같은 물건의 다른 모습을 찾아본다.
활동 자료	• 올록볼록한 주위의 모든 사물과 환경 (빗, 동전, 열쇠, 자동차 번호판, 시멘트 바닥, 나무껍질, 신용카드, 가리비 조개껍질, 모래 종이), 크레파스, 색연필, 복사용지

[활동 방법]

1. 재료를 탐색한다.

   • 여기에 무엇이 있니?

   • 이름을 말해 볼까?

   • 손으로 만져 볼까?

   • 여기에 있는 물건의 공통점은 무엇일까?

2. 실내에서 종이에 본을 떠 본다.

   • 조개껍질의 모양을 종이에 나타내게 하려면 어떻게 해야할까?

   • 종이 아래에 조개껍질을 놓고 크레파스나 색연필로 칠해 보자.

   • 다른 물건도 같은 방법으로 해 보자.

3. 실외에서 종이에 본을 떠 본다.

   • 교실 안으로 가져올 수 없는 것 중에서 종이에 모양을 베낄 수 있는 것은 무엇일까?

   • 밖으로 나가 찾아볼까?

   • 무엇이 가능할까?

   • ○○는 자동차 번호판에 종이를 대고 베끼기를 하고 있구나.

   • ○○는 시멘트 바닥을 베끼고 있네.

- ○○는 나무껍질에 종이를 올려놓고 베끼고 있네.

4. 본 뜬 사물을 살펴본다.

- 이것은 무엇을 본 뜬 것이니?
- 가장 모양이 신기한 것은 무엇이었니?
- 실제 물건 보다 더 모양과 무늬가 더 자세한 것은 무엇이었니?
- 크레파스와 색연필 중 무엇이 더 자세히 베껴졌니?

22 숫자 그림

22.1 숫자 만들기 영아

주요 경험	• 숫자 모양을 만들어 본다. • 숫자에 관심을 가진다.

활동 자료	• 각각의 숫자 그림(1-9), 양면테이프, 뽕뽕이

[**활동 방법**]

1. 재료를 탐색한다.

   - 여기에 무엇이 있니?

   - 빨간색, 노란색, 파란색의 뽕뽕이들이 많이 있네.

   - 만져보자, 정말 부드럽다.

   - 선생님이 들고 있는 파란색 뽕뽕이를 찾아보자.

   - 숫자 그림이 있네.

   - 선생님이 읽어 줄게.

2. 양면 테이프가 붙여진 숫자 그림에 뽕뽕이를 놓아 본다.

   - 종이에 숫자가 그려져 있네.

   - 이것을 숫자 3이구나, 숫자 위에 선생님이 테이프를 붙여줄게.

   - 선생님이 테이프 위에 뽕뽕이를 놓았더니 붙었어.

   - 친구들도 테이프 위에 뽕뽕이를 놓아볼까?

   - 움직이지 않고 붙었네.

- ○○는 숫자 4에 뽕뽕이를 붙이고 있구나.

- ○○는 숫자 6에 뽕뽕이를 붙이고 있고.

- 종이를 들어도 뽕뽕이가 떨어지지 않네.

- 숫자에 붙은 뽕뽕이를 만져볼까?

3. 전시한다.

- 벽에 게시하여 손으로 만져 보거나, 바닥에 붙여 주어 발로 밟아 보게 한다.

22.2 숫자로 그림 그리기 유아

주요 경험	• 숫자를 활용하여 그림을 그린다. • 숫자와 친숙해 진다.

활동 자료	• 1~9까지의 숫자, 도화지, 그리기 도구

[활동 방법]

1. 도화지에서 숫자를 찾아본다.

  • 여기에 무엇이 있니?

  • 숫자들이 여기 저기 마음대로 놓여있네.

  • 숫자 5를 찾아볼까?

  • 숫자 5가 옆으로 누워 있었구나.

2. 숫자를 활용하여 그림을 그려본다.

  • ○○는 숫자 4로 배의 돛을 만들었네.

  • ○○는 6과 9로 안경을 만들었구나.

  • ○○의 숫자 1은 지붕위의 굴뚝이 되었네.

  • ○○의 숫자 8은 옆으로 뉘어서 자동차 바퀴가 되었네.

3. 친구들에게 그림을 소개한다.

  • 숫자가 무엇으로 변했는지 친구들에게 이야기 해 줄 수 있겠니?

23 표백 그림

23.1 눈 오는 그림 유아

주요 경험	• 다양한 재료로 그림을 그려본다. • 종이의 색깔을 없애면서 그림을 그려본다.

활동 자료	• 눈사람이 그려진 검은 도화지, 솜이 담겨진 넓은 그릇, 표백제, 큰 붓

[활동 방법]

1. 재료를 탐색한다.

   • 무슨 냄새가 나지.

   • 소독할 때 쓰는 표백제 냄새란다.

   • 그런데 이 표백제는 손으로 만지거나 얼굴에 묻으면 따갑고 아프기 때문에 선생님과 함께 붓으로만 만지기로 하자.

2. 선생님과 함께 눈 내리는 장면을 그린다.

   • 검정색 도화지에 무엇이 그려져 있니?

   • 검정색 도화지에 눈으로 만든 하얀 눈사람이 그려져 있네.

   • 그런데 눈이 없네.

   • 우리가 눈을 만들어 줄까?

   • 붓에 표백제를 묻혀 종이에 찍어보자.

   • 눈이 만들어지지 않네.

   • 왜 그럴까? 한참 후에 눈이 만들어지는 구나.

   • 검은색이 하얀색으로 점점 변하네.

- 여기 저기 많은 눈을 만들어 보자.
- 땅위에는 눈이 쌓이도록 눈을 많이 만들어주자.

⊞ 참고사항

- 표백제가 몸에 닿거나 눈, 입에 들어가지 않도록 주의를 준다.
- 표백제가 쏟아질 경우를 대비하여 표백제에 솜이나 화장지를 넣어 흘리지 않게 한다.
- 표백제 그림을 그리는 동안 냄새가 나므로 창문을 열어둔다.

23.2 셀로판지에 그리기 유아

주요 경험	• 다양한 재료로 그림을 그려본다. • 색깔을 사라지게 하는 표백제의 성질을 그림을 그리면서 경험한다.

활동 자료	• 셀로판지(빨강, 주황, 파랑, 초록), 마닐라지, 투명 접착 테이프, 면봉, 표백제

[활동 방법]

1. 재료를 탐색한다.

   • 어디에서 나는 냄새일까?

   • 이런 냄새를 맡아 본 적이 있니?

   • 사람들은 표백제 왜 사용할까?

   • 왜 표백제라고 부를까?

   • 색이 있는 곳에 표백제를 묻이면 어떻게 될까?

2. 셀로판지를 두껍게 한다.

   • 셀로판지를 만져 볼까?

   • 두께가 얇구나, 너무 얇은 곳에 그림을 그리면 어떻게 될까?

   • 마닐라지를 여러 모양으로 잘라 셀로판지로 쌓아 보자.

   • 투명 테이프로 붙여 보자.

   • 힘 든 친구는 선생님이 도와줄게.

3. 면봉으로 그림을 그린다.

   • 면봉에 표백제를 묻혀 셀로판지 위에 그림을 그려보자.

   • 처음엔 그대로 있다가 한 참 후에 색이 없어지는구나.

   • 그림을 천천히 그려야 겠네.

4. 그림을 바구니에 담아 조작영역에 놓아둔다.

⊞ 참고사항

- 나무로 된 면봉은 손으로 올라 올 수 있으므로 손잡이가 플라스틱으로 된 면봉을 준비한다.
- 표백제가 몸에 닿거나 눈, 입에 들어가지 않도록 주의를 준다.
- 표백제가 쏟아질 경우를 대비하여 표백제에 솜이나 화장지를 넣어 흘리지 않게 한다.
- 표백제 그림을 그리는 동안 냄새가 나므로 창문을 열어둔다.

24 음악 들으며 그림 그리기

24.1 춤추면서 그리기 영아

주요 경험	• 다양한 방법으로 그림을 그려본다. • 발의 움직임에 따른 흔적을 나타내어 본다.

활동 자료	• 전지 3-4, 템페라 물감, 신나는 음악(그대로 멈춰라) ,접착 테이프, 신문지, 수건

[활동 방법]

1. 전지위에 물감을 짠다.

   • 큰 종이가 있네.

   • 친구들이 종이 위에 올라가 춤을 출건데 움직이지 않도록 테이프로 붙여 보자.

   • 친구들이 좋아하는 물감을 골라 볼까?

   • 종이 위에 물감을 짜 볼까?

   • 여기 저기 빈 곳에 물감을 짜 보자.

   • 종이 위에 빨간색, 초록색, 검정색, 흰색, 노랑색, 파랑색 정말 많은 물감들이 있구나.

2. 음악과 함께 종이 위에서 춤을 춘다.

   • 선생님과 함께 종이 위로 올라가 보자.

   • 물감을 한 발로 밟아 볼까?

   • 다른 한 발도 밟아 볼까?

   • 이제는 음악에 맞추어 신나게 춤을 추어보자.

- ○○는 홉홉홉 뛰고 있네, ○○는 한발을 들고 깽깽이로 춤을 추고 있네, ○○는 빙그르르 돌면서 춤을 추고 있네.

3. 발로 그린 그림을 탐색한다.

- 색깔이 어떻게 되었니?

- 색깔이 섞여져서 다른 색깔이 되어 버렸네.

- 선생님이 그림 제목을 "발로 그린 그림"이라고 써서 붙여 놓아야 겠다. 다른 사람들은 아마도 이 그림이 발로 그린 그림 인줄 모를거야.

4. 그림 위에 투명 아세테이트지를 덮어 유희식 바닥에 붙여 놓는다.

❀ 참고사항

실내에서 활동이 이루어진 경우에는 전지 주위에 신문지를 깔고 가까이에 의자를 두어 활동이 끝난 후 영아 들이 의자에 앉아서 발을 닦을 수 있도록 한다.

24.2 음악 듣고 선 그림으로 표현하기 유아

주요 경험	• 음악의 느낌을 그림으로 표현해 본다. • 음악의 종류에 따른 그림의 차이점을 비교해 본다.

활동 자료	색 도화지, 그리기 도구, 대조되는 음악(베토벤의 피아노 소나타 월광, 하차투리안의 가야네 중 칼의 춤)

[활동 방법]

1. 종이를 나비 모양으로 만든다.

    • 이 종이로 나비 모양을 만들어 보자.

    • 나비 모양을 만들기 위해 어떤 방법들이 필요할까?

    • ○○는 종이를 절반으로 접은 다음 나비 날개 모양을 그려서 오리고 있구나.

    • ○○의 나비는 더듬이도 있네.

2. 빠르기와 분위기가 대조되는 두 음악을 듣는다.

    • 이 음악을 들으니 어떤 느낌이 드니?

    • 두 음악이 어떤 차이점이 있니?

    • 이 음악중 어떤 음악이 마음에 드니?

3. 음악을 듣고 선으로 느낌을 표현해 본다.

    • 음악에 맞추어 빈 공간에 손가락으로 그림을 그려볼까?

    • 이번에는 음악의 느낌을 종이에 그려보겠니?

    • 첫 번째 음악은 나비의 날개 중 한 쪽 날개에만 그려보자.

4. 그림을 감상한다.

    • 나비 양쪽 날개의 그림이 어떤 차이점이 있니?

    • 왜 차이가 났을까?

- ○○는 나비의 더듬이에 음악의 제목을 썼구나.

5. 그림을 음악영역에 붙여 전시한다.

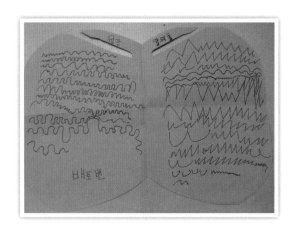

24.3 음악 듣고 그림으로 표현하기 유아

주요 경험	• 음악의 느낌을 그림으로 표현해 본다. • 같은 제목의 음악과 그림책의 내용을 생각하며 그림을 그린다.
활동 자료	• 도화지, 그리기 도구, 백조의 호수 그림책, 음악(차이코프스키의 백조의 호수)

[활동 방법]

1. 그림책을 읽어준다.

   • 이야기 속에 누가 나왔니?

   • 가장 기억에 남은 모습은 어떤 장면이니?

   • 어떨 때 가장 안타까웠니?

   • 어느 장면에서 가장 기분이 좋았니?

   • 네가 왕자였다면 어떻게 할 것 같니?

2. 음악을 듣고 그림으로 표현해 본다.

   • 이 음악은 그림책의 제목과 같은 이름을 가지고 있어, 그림책 속의 이야기를 음악으로 만들었기 때문에 제목이 같은 거야.

   • 이 음악을 들으면서 어떤 장면이 떠오르는지 마음속으로 그려보자.

   • 이번에는 음악을 들으면서 종이에 생각나는 그림을 그려보자?

3. 그림을 전시한다.

   • "백조의 호수 음악과 그림책을 읽고'라는 제목을 붙여 음악 영역이나 미술영역에 음악과 책과 함께 전시한다.

25 우리 유치원 소개

25.1 유치원 친구들 `영아` `유아`

주요 경험	• 다양한 크기에 그림을 그려본다. • 한 곳에 전체 친구들의 얼굴을 모으고 찾아 본다.

활동 자료	• 5cm×5cm크기의 종이, 싸인펜, 전지, 풀

[활동 방법]

1. 종이에 자신의 얼굴을 그린다.

  • 우리 반에는 모두 몇 명이 있을까?

  • 누구누구 인지 말해 볼까?

  • 각자 얼굴 모양이 어떻니?

  • 똑같은 얼굴을 가진 사람이 있니?

  • 다른 반에는 어떤 친구들과 어떤 동생들이 있을까?

2. 그림을 그린다.

  • ○○가 친구들에게 종이를 한 장씩 나누 워 주겠니?

  • 여기에 얼굴을 그릴 수 있을까?

  • 작은 나의 얼굴을 그려보자

3. 우리반의 그림을 한 곳에 모으고 찾아본다.

  • 넓은 종이에 우리 반 친구들의 얼굴을 모두 붙여 보자.

  • 자기의 얼굴을 찾아보자.

- 그림만 보고 누구의 얼굴인지 찾을 수 있겠니?

- 이 그림은 누구일 것 같니? 누구세요 손들어 보세요.

- 누구의 그림인지 모를때는 어떻게 했으면 좋겠니?

- 그림 아래에 친구들의 이름을 써 볼까?

4. 우리 유치원의 그림을 한곳에 모으고 찾아본다.

- 다른 반 동생들도 얼굴 그림을 그렸구나.

- 우리 유치원 친구들이 모두 모였네.

- 선생님도 있구나.

- 기사 아저씨도 있어.

- 주방 아주머니도 있네.

- 유치원 식구 모두가 모였구나.

5. 그림을 전시한다.

- 유치원의 현관에 그림을 모두 모아 붙인다.

25.2 유치원 안내판 　유아

주요 경험	• 내가 다니는 유치원의 구조에 대해 생각해 본다. • 유치원을 그림으로 나타내 본다.

활동 자료	• 전지, 도화지, 그리기 도구, 가위, 풀

[**활동 방법**]

1. 유치원의 구조에 대해 이야기한다.

   • 우리 유치원은 모두 몇 층으로 되어있지?

   • 친구들이 지내는 방은 모두 몇 개일까?

   • 주방은 몇층에 있지?

   • 계단은 어디 어디에 있지?

   • 화장실을 모두 몇 개일까?

2. 층별로 그룹으로 나누어 계획을 한다.

   • 1층을 표현하고 싶은 친구?

   • 2층을 표현하고 싶은 친구?

   • 1층에는 무엇 무엇이 있지?

   • 2층에는 무엇 무엇이 있지?

   • 1층은 종이의 어느 부분에 만들고 싶니?

   • 그럼 2층은 어디가 될까?

   • 친구들과 이야기하여 각자 그리고 싶은 곳을 정하자.

3. 그림을 층별로 나누어 전지에 붙인다.

   • ○○는 몇 층의 무엇을 그리기로 하였니?

   • 그림이 다 그려지면 어디에 붙일 거니?

- 유치원에 그 곳이 어디에 있지?

- 1층에 현관은 어디에 할 거니?

- 병아리 반은 어디에 그릴거야.

- 계단은 종이의 어디에 얼마만큼 그려야 할까?

4. 그림을 감상한다.

- 유치원의 외부 입구나 현관에 전시한다.

- 1층을 그린 친구 중에서 한 명이 무엇을 그렸는지 설명해 줄 수 있겠니?

- 2층을 그린 친구 중에서 한 명이 무엇을 그렸는지 설명해 줄 수 있겠니?

- 이렇게 그리니까 우리 유치원을 한꺼번에 모두 볼 수 있구나.

- 모르는 손님이 원장 선생님을 만나러 오셨을 때 이 안내판을 보고원장 선생님 방을 찾을 수 있을까?

26 공룡세상

26.1 공룡 동물원 만들기 영아

주요 경험	• 여러 종류의 공룡 모양을 관찰한다. • 공룡스티커로 공룡 동물원을 만들어본다.

활동 자료	• 동물원이 그려진 전지, 공룡 모양의 스티커 또는 공룡 모양 도장

[활동 방법]

1. 공룡 스티커를 탐색한다.

   • 무슨 동물일까?

   • 공룡의 모양이 다른 것이 많이 있네.

   • 큰 공룡도 있고, 아주 작은 공룡도 있고, 날개가 달린 공룡도 있고, 뿔이 달린 공룡도 있고…

2. 전지에 그려진 동물원을 탐색한다.

   • 여기는 동물원이란다.

   • 나무도 있고, 꽃도 있고, 울타리도 있고, 풀들도 많이 있네.

   • 그런데 동물들이 한 마리도 없구나.

   • 여기에 공룡 동물원을 만들어 볼까?

3. 공룡 스티커로 동물원을 만들어 본다.

   • 공룡을 어디에 붙이고 싶니?

   • 풀을 먹고 있는 공룡을 만들어 보자.

- 울타리 안에 공룡들이 모여 있는 모습을 만들어 보자. 그럼 여러 마리의 공룡을 울타리 안에 붙여 볼까.

- 혼자 놀고 있는 공룡도 있네.

- 공룡 세 마리가 모여서 놀고 있구나.

4. 공룡 동물원을 전시한다.

- 언니, 오빠, 형들도 공룡 그림을 그렸데요. 어떻게 그렸을까? 우리 공룡 동물원도 보여주고 언니, 오빠 공룡그림은 어떻게 생겼는지 볼까?

26.2 공룡그리기 _{유아}

주요 경험	• 다양한 도구로 그림을 그려본다. • 그림의 도구에 따라 나타나는 그림의 차이를 관찰한다.

활동 자료	• 반별 또는 그룹별로 다른 그림 도구 제시(크레파스반, 색연필 반, 싸인펜 반, 연필반), 전지

[**활동 방법**]

1. 공룡에 대해 이야기 한다.

   • 알고 있는 공룡의 이름을 말 해 볼 수 있겠니?

   • 두 마리만 그리라고 한다면 어떤 공룡을 그리고 싶니?

   • 크레파스, 색연필, 싸인펜, 연필 중 한 가지만으로 그림을 그린다면 무엇으로 그리고 싶니?

2. 전지에 그림을 그린다.

   • 원하는 공룡을 그려보자.

   • 도화지에 그림을 그린 다음 오려서 전지에 붙일 수 도 있어.

   • ○○가 그린 공룡의 이름을 말 해 줄 수 있니?

   • ○○가 그린 공룡은 주로 무엇을 먹고 살아?

   • ○○는 날아다니는 빙룡을 그리고 있구나.

3. 반 별로 그린 전체 공룡 그림을 전시한다.

   • 우리 유치원 전체 친구들이 볼 수 있으려면 어디에 붙여야 할까?

   • 다른 반 친구들은 무엇으로 공룡을 그렸는지 궁금하다.

   • ○○반은 무엇으로 그렸니?

   • ○○반은 무엇으로 그렸니?

   • ○○는 무슨 반 공룡 그림이 가장 마음에 들어?

입체 활동 2

<blockquote>
CHAPTER
</blockquote>

CONTENTS

1. 흙 점토로 만들기
2. 흙 점토와 석고로 모양 찍어내기
3. 지점토로 만들기
4. 밀가루 점토 만들기
5. 밀가루 점토 활동
6. 자연 물로 꾸미기
7. 선 그림(스티커 그림)
8. 우산 꾸미기
9. 창문 꾸미기
10. 티셔츠 꾸미기
11. 케이크 컵으로 꾸미기
12. 종이 달걀판으로 꾸미기
13. 이쑤시개로 만들기
14. 자연물로 염색하기
15. 식빵으로 꾸미기
16. 풍선으로 만들기
17. 나의 얼굴 표현하기

1.1 흙 점토로 길 만들기 영아

주요 경험	• 찰흙의 촉감을 느껴 본다. • 찰흙으로 긴 모양을 만들어 본다.

활동 자료	• 실외 : 찰흙, 신문지

[활동 방법]

1. 찰흙을 탐색한다.

   - 여기에 무엇이 있니?

   - 흙으로 만든 덩어리인데 "찰흙"이라고 해요

   - 손가락으로 만져 볼까?

   - 손바닥으로 만져 보자

2. 찰흙을 길게 만들어 길을 만들어 본다.

   - 찰흙을 손으로 떼어 보자

   - 힘든 친구는 선생님이 떼어 줄게

   - 길을 만들어 볼 거야

   - 두 손으로 길게 만들어 보자

   - 바닥에 놓고 손으로 선생님처럼 밀어볼까?

   - 누가 더 길게 만들었나?

3. 길을 따라 걸어 본다.

- 선생님이 신문지 위에 놓아 볼게
- 길게 만든 친구는 선생님 찰흙 다음에 붙여 놓아 보자
- 다음 친구도 길게 붙여 보자
- 긴 길이 만들어 졌네.
- 우리가 만든 찰흙 길을 따라 걸어 보자

1.2 흙 점토로 동물 만들기 유아

주요 경험	• 찰흙의 촉감을 느껴본다. • 찰흙으로 동물을 만들어 본다.

활동 자료	찰흙, 이쑤시개, 성냥, 곡식(콩, 옥수수, 조, 헝겊 등)

[활동 방법]

1. 재료를 탐색한다.

   • 여기에 무엇이 있니?

   • 무엇할 때 사용하는 거니?

   • 오늘은 이것으로 동물을 만들거야. 고슴도치, 공룡, 거북을 만들어도 되고, 다른 동물을 만들어도 돼요.

2. 다른 재료와 함께 동물을 만들어 본다.

   • ○○은 어떤 동물을 만들고 싶어?

   • 공룡을 만들고 싶은 친구는 누구일까?

   • 고슴도치를 만들고 싶은 친구 있니?

   • 거북이를 만들고 싶은 친구 있니?

   • 동물의 목과 다리를 만들 때 자꾸 떨어져 어려운 친구는 이쑤시개를 이용하여 연결하여 보자. 선생님이 도와줄 수 있어.

   • 고슴도치의 날카로운 몸을 무엇으로 표현하면 좋을까?

   • 공룡의 긴 목은 무엇을 이용하면 좋을까?

   • 거북이의 등은 무엇으로 표현하고 싶니?

   • 불을 뿜는 공룡을 만들려면 어떻게 해야 할까?

3. 만들어진 동물들을 감상한다.

- 고슴도치의 몸을 이쑤시개로 표현하니 정말 고슴도치 몸처럼 날카롭게 보이네.

- ○○는 공룡의 긴 목을 떨어지지 않게 어떻게 만들었니?

- ○○는 거북의 다리를 무엇으로 만들어 떨어지지 않게 하였니?

- 공룡의 몸에 곡식을 붙이니 울퉁불퉁 공룡 몸이 자세히 표현 되었구나

- 거북의 등에 천을 붙이니 멋쟁이 거북이가 되었다

- 불을 뿜는 공룡을 선생님이 만들어 볼게

- 공룡의 입안에 성냥을 꽂은 다음 불을 붙여 볼게

- 공룡 입에서 불이 나오고 있어, 살아 있는 공룡 같아

4. 작품들을 그늘에 말린다.

❀ 참고사항

- 찰흙 활동을 하기 위해서는 바닥에 장판 샘플이나 비닐을 깔고 한다.

1.3 흙 점토로 탑 만들기 [유아]

주요 경험	• 찰흙은 다른 물질과 쉽게 접착이 된다는 것을 경험한다. • 여럿이 힘을 모으면 혼자서 할 수 없는 일을 할 수 있다는 것을 경험한다.
활동 자료	• 찰흙, 크기가 다른 가벼운 고무 통, 모루, 찰흙에 붙일 수 있는 자료(콩, 옥수수, 조, 헝겊, 스팽글, 스트로우, 조개껍대기, 나무껍질, 솔방울, 나뭇잎, 클립, 작은 돌멩이 등), 물 분무기

[활동 방법]

1. 재료를 탐색한다.

   • 여기에 무엇이 있니?

   • 이것으로 무엇을 만들면 좋을까?

   • 어떻게 만들고 싶은지 이야기 할 수 있겠니?

2. 큰 통에 모루를 감는다.

   • 통에 찰흙이 잘 붙으려면 통의 표면을 어떻게 할까?

   • 찰흙이 잘 붙도록 통 표면에 모루를 감아 보자

   • 통이 커서 모루 붙이기가 힘들면 선생님이 도와줄게

3. 물을 뿌리고 찰흙을 붙인 다음 다른 재료들을 붙인다.

   • 통에 찰흙이 잘 붙게 하려고 통의 겉면에 모루를 감았는데 더 잘 붙게 하는 다른 방법은 무엇이 있을까?

   • 물은 물건을 붙게 하는 역할을 한단다. 벽에 물을 뿌리고 종이를 붙이면 벽에 종이가 붙듯이 통에 물을 뿌리고 찰흙을 붙이면 더 잘 붙는단다.

   • 분무기로 통에 물을 뿌려 볼까?

   • 통에 찰흙을 붙이려면 덩어리 찰흙을 어떻게 해야 할까?

- 찰흙을 바닥에 놓고 손바닥으로 눌러 넓게 만든 다음 붙여 보자

- 통의 표면이 보이지 않게 찰흙을 붙여 보자

- 찰흙 위에 여러 가지 붙일 수 있는 모든 것들을 붙여 보자

- 말라도 떨어지지 않게 꾹 눌러 붙여 보자

4. 작품을 놓을 곳을 결정한다.

- 다른 반 친구들이 만든 작품을 우리들이 만든 작품 위에 올렸더니 탑 모양이 되었네.

- 아주 큰 탑 모양이 되었구나, 여럿이 힘을 모으니 이렇게 큰 작품을 만들 수 있구나.

- 많은 사람들이 볼 수 있도록 이 탑 모양의 작품을 어디에 두면 좋을까?

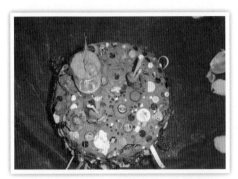 

2.1 흙 점토에 사물 찍기 영아

주요 경험	• 찰흙의 촉감을 느껴 본다. • 찰흙은 사물의 모양을 나타내게 한다는 것을 경험한다.

활동 자료	찰흙, 물, 조개껍데기, 단추, 클립, 나뭇잎, 빗 등

[**활동 방법**]

1. 재료를 탐색한다.

- 여기에 무엇이 있니?

- 찰흙, 조개껍데기, 단추, 클립, 나뭇잎, 빗이 있구나.

- 오늘은 찰흙에 여러 가지 모양을 만들어 보자.

2. 찰흙을 넓게 편다.

- 여기에 있는 것들의 모양을 찍을 수 있도록 찰흙을 넓게 펴 보자.

- 넓게 하기 힘든 친구는 주먹으로 찰흙을 쿵쿵 두드려 보자.

- 찰흙이 어떻게 되었니? 넓게 되었구나.

- 이번에는 찰흙이 평평해 지도록 손바닥으로 문질러 보자.

- 선생님처럼 손에 물을 묻힌 다음 찰흙 위에 물을 발라 볼까?

- 물을 묻혔더니 찰흙이 더 부드럽고 미끄러워 졌어.

3. 찰흙 위에 재료를 붙였다 다시 떼어 본다.

- 찰흙 위에 조개껍데기를 손가락으로 꾹 눌러보자, 다시 떼어 볼까?

- 찰흙 위에 무엇이 나타났니?

- 조개껍데기에 있는 모양이 나타났구나.

- 나뭇잎도 해볼까?

- 클립은 떼어내기 힘들면 선생님이 도와줄게.

4. 결과물을 그늘에 말린다.

2.2 석고에 손바닥 찍기 유아

주요 경험	• 찰흙의 촉감을 느껴 본다. • 찰흙은 사물의 모양을 나타내게 한다는 것을 경험한다. • 찰흙보다 석고가 더 빨리 굳어진다는 것을 경험한다. • 손의 크기와 손바닥의 모양에 관심을 갖는다.
활동 자료	• 찰흙, 석고, 물, 주방 세제, 붓, 컵 2개, 넓은 그릇, 나무젓가락

[**활동 방법**]

1. 재료를 탐색한다.

   • 여기에 무엇이 있니?

   • 석고 가루를 본 적이 있니?

   • 석고 가루는 무엇을 만들 때 사용하는 것일까?

2. 찰흙을 넓고 둥근 모양으로 만든다.

   • 찰흙을 넓고 둥근 모양으로 만들어 보자.

   • 덩어리 찰흙을 넓게 하려면 어떻게 해야 할까?

   • ○○는 주먹으로 쿵쿵 치고 있고, ○○는 손바닥으로 꾹꾹 누르고 있구나.

   • 찰흙의 크기는 친구들의 손바닥 보다 조금 더 넓게 해 보자.

   • 넓게 펴서 둥근 모양을 만든 다음 테두리 부분을 둑처럼 높게 쌓아 볼까?

   • 힘든 친구는 선생님이 도와줄게.

3. 찰흙에 손바닥을 찍는다.

   • 한 손의 손가락을 벌려 편 다음 찰흙 위에 올려보자.

   • 손에 힘을 주어 찰흙 속으로 손이 들어가게 해 볼까?

   • 손이 찰흙 속으로 잘 들어가지 않은 친구는 다른 한손으로 눌러 주자.

- 손은 다시 떼어 볼까?

- 찰흙이 어떻게 되었니?

4. 찰흙 위에 주방 세제를 바른다.

- 이것을 무엇을 할 때 사용하는 거니?

- 세제를 사용해서 설거지를 하거나 만져 본적이 있니?

- 어떤 느낌이었니?

- 조금 후에 석고를 찰흙 위에 부을 건데 다시 떼어낼 때 미끄러워서 잘 떨어지라고 바르는 거란다.

- 붓에 세제를 묻힌 다음 찰흙 위에 발라 보자.

5. 석고를 찰흙 위에 붓는다.

- 컵에 표시되어 있는 곳까지 석고 가루를 담은 다음 넓은 그릇에 담아 보자.

- 또 다른 컵에 표시되어 있는 곳 까지 물을 담은 다음 넓은 그릇에 담아 보자.

- 나무젓가락으로 저어 보자, 석고 덩어리가 없도록 저어 보자.

- 찰흙 위에 부어 볼까?

- 석고가 골고루 퍼지도록 부어 보자.

6. 5분 후 쯤 석고를 만져본다.

- 석고를 만져볼까?

- 어떤 느낌이 드니?

- 조금 전에는 차가웠는데 지금은 왜 따뜻한 느낌이 들까?

7. 30분 쯤 후에 석고에서 찰흙을 떼어낸다.

- 석고를 만져 볼까?

- 어떤 느낌이 드니?

- 다시 차가워 졌구나.

- 아직도 석고가 따뜻한 친구 있니?

- 석고가 차가운 친구는 석고가 완전히 굳어졌고, 아직 따뜻한 친구는 아직 석고가 굳지 않았기 때문이야, 석고를 만져서 차가운 친구만 찰흙을 떼어내보자.

8. 떼어낸 석고를 전시한다.

- 석고에 찰흙이 남아 있으니 물로 깨끗이 씻어 보자.

- 어떤 느낌이 드니?

- 누구의 손인지 알 수 있도록 사인펜으로 자기 이름을 써 볼까?

✿ 참고사항

- 작품을 벽에 걸어 전시할 경우에는 석고가 굳기 전에 나무젓가락 등으로 구멍을 내어 준다.

- 석고에서 떼어낸 찰흙은 다시 쓸 수 있으므로 비닐에 쌓아 둔다.

3 지점토로 만들기

3.1 지점토 목걸이 `영아`

주요 경험	• 지점토의 촉감을 느껴 본다. • 지점토는 다른 물질과 쉽게 접착이 가능하다는 것을 경험한다. • 지점토로 목걸이를 만들어 본다.

활동 자료	지점토, 물, 리본끈, 모루, 폐품 액세서리, 클립

[활동 방법]

1. 재료를 탐색한다.

   • 여기에 무엇이 있니?

   • 하얀 지점토가 있네.

   • 짝을 잃어버린 귀걸이도 있고, 반지도 있고, 목걸이 구슬도 있네.

   • 끈처럼 긴 모루도 있고, 리본끈도 있구나.

2. 지점토로 목걸이 펜던트를 만든다.

   • 선생님처럼 지점토를 떼어 내어 볼까?

   • 동그랗게 만들어 보자.

   • 선생님처럼 한 손바닥 위에 지점토를 올려놓고 다른 손으로 동글동글 두 손을 움직여 보자.

   • 지점토가 동그란 공 모양이 되었구나.

   • 바닥에 놓고 손바닥으로 눌러 보자.

   • 넓적하고 둥근 모양이 되었네.

3. 팬던트에 악세서리를 붙인다.

- 선생님처럼 지점토에 물을 발라 보자.

- 물을 바르면 더 잘 붙는 단다.

- 지점토에 귀걸이, 구슬 등을 붙여 보자.

- 구슬을 지점토 위에 올려놓고 손가락으로 "쏘오옥" 눌러볼까?

- 목걸이 끈을 끼울 수 있도록 선생님처럼 지점토 한쪽에 클립을 꽂아 보자.

- 어려운 친구는 선생님이 도와줄게요.

4. 목걸이 끈을 만들어 연결한다.

- 여러 색깔의 모루가 있네.

- 좋아하는 색깔의 모루를 골라 보세요.

- ○○는 빨간색 모루 끈을 골랐구나.

- 클립 안에 모루를 끼워 볼까.

- 끼운 친구는 선생님이 동그랗게 묶어 줄게.

5. 목걸이를 목에 걸어 본다.

- 목걸이를 목에 걸어 보자.

- 기분이 어떠니?

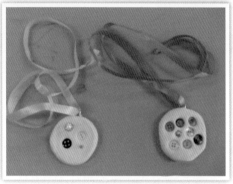

3.2 종 만들기 [유아]

주요 경험	• 지점토의 촉감을 느껴 본다. • 지점토로 종을 만들어 본다.

활동 자료	지점토, 나무젓가락, 방울, 실, 물감, 종, 클립

[활동 방법]

1. 소리 나는 종에 대해 이야기 한다.

   • 여기에 무엇이 있니?

   • 딸랑 딸랑 소리 나는 종이 있네.

   • 종은 무엇 때문에 소리가 날까?

   • 어떻게 하면 소리가 잘 날까?

2. 종 모양을 만들어 본다.

   • 종 모양을 만들기 위해 가장 먼저 지점토를 어떻게 해야 할까?

   • 바닥에 놓고 지점토를 넓게 펴 보자.

   • 깔때기 모양처럼 만들어 볼까?

3. 젓가락에 방울을 달고 종에 끼우거나 클립을 끼운다.

   • 방울에 실을 단 다음 젓가락 끝에 묶어 보자.

   • 종 안쪽에서 밖으로 젓가락을 끼워 보자.

   • 종의 손잡이가 될 수 있도록 밖으로 길게 나오게 끼워 보자.

   • 종과 젓가락이 잘 붙도록 지점토를 눌러 주자.

   • 젓가라 ㄱ대신 클립을 끼울 수도 있어요.

4. 종을 흔들어 본다.

• 지점토가 마른 후 유성 싸인 펜이나 물감으로 종을 꾸민다.

• 종을 흔들어 본다.

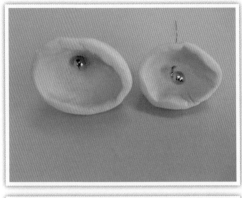

3.3 딸기 밭 만들기 유아

주요 경험	• 지점토의 촉감을 느껴 본다. • 지점토로 딸기와 딸기 잎을 만들어 본다. • 딸기밭을 만들어 본다.

활동 자료	• 지점토, 찰흙, 물감, 모루, 본드

[**활동 방법**]

1. 딸기밭을 탐색한 후 이야기 나누기를 한다.

   • 어제 어디를 갔다 왔었지?

   • 딸기는 어떤 색이었니?, 어떤 모양이었니?

   • 딸기를 가까이 보면 무엇을 발견할 수 있었니?

   • 딸기 잎과 줄기를 보았니?

2. 딸기 잎과 딸기를 만든다.

   • 지점토로 딸기를 만들어보자

   • 딸기 잎도 만들어 볼까?

3. 딸기와 잎에 물감을 칠한다.

   • 어제 만든 딸기가 다 말랐구나.

   • 딸기는 무슨 색이었니?

   • 빨간색도 있고, 어떤 딸기는 주황색이고 어떤 딸기는 초록색도 있었지?

   • 딸기를 가까이 보면 까맣게 보이는 것은 무엇일까?

4. 딸기줄기를 만든다.

   • 딸기 줄기는 무엇으로 만들면 좋을까?

   • 여기에 있는 모루로 만들어 볼까?

- 얼마만큼의 길이가 적당할까? 가위로 잘라보자

5. 딸기와 줄기를 연결하여 지점토로 만든 딸기 밭에 꼽는다.

- 딸기와 줄기는 어떻게 연결하면 좋을까?

- 딸기 잎과 줄기는 어떻게 연결할 거니?

- 찰흙으로 딸기 밭을 만들어볼까?

- 딸기 밭에 딸기줄기를 심어보자.

 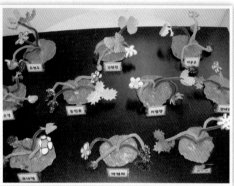

4 밀가루 점토 만들기

4.1 차물로 밀가루 점토 만들기 영아 유아

주요 경험	• 여러 종류의 차를 물에 타 보고 차에서 우러나온 물의 색깔을 관찰한다. • 차에서 우러나온 여러 색깔의 물로 밀가루 반죽을 해 본다.

활동 자료	밀가루, 커피, 녹차, 홍차, 둥굴레 차, 따뜻한 물, 식용유, 소금, 반죽 그릇

[**활동 방법**]

1. 재료를 탐색한다.

   • 여기에 무엇이 있니?

   • 물에 타서 먹는 여러 가지 차가 있네.

   • 커피 가루, 녹차, 홍차, 둥굴레 차가 있구나

2. 차물을 만든다.

   • 여기에 따뜻한 물이 들어 있는 여러 개의 그릇이 있네.

   • 물에 커피를 넣어 볼까?

   • 숟가락으로 저어 보자

   • 물의 색깔이 커피색으로 변하였구나.

   • 다른 그릇에 녹차를 넣어보자

   • 색깔이 점점 녹차 색깔로 변하고 있네.

3. 밀가루 반죽을 만든다.

   • 선생님과 함께 밀가루 반죽을 만들어 보자

- ○○가 그릇에 밀가루를 넣어 주겠니?

- ○○는 커피 물을 넣어 주겠니?

- 그리고 달걀 프라이 할 때 사용하는 기름도 넣고, 기름을 넣으면 밀가루 반죽 할 때 손에 잘 붙지 않아 좋단다. 그리고 오랫동안 변하지 않고 밀가루 반죽 놀이를 할 수 있도록 소금도 넣을 거야

- 처음엔 선생님이 해 볼게 나중에 친구들이 해 보자

- 모두 잘 섞이도록 주물주물, 뭉치고, 다시 주물 주물, 다시 뭉치고, 점점 덩어리가 되어가네

- ○○가 선생님처럼 반죽을 해 보겠니?

- 다른 친구들도 해 보겠니?

- 밀가루 반죽이 너무 말랑말랑해서 잘 뭉쳐지지가 않네.

- 밀가루를 더 넣어야 겠네.

- 이번에는 녹차 물로 반죽을 해 볼까?

❀ 참고사항

- 차의 색깔은 밀가루 반죽을 했을 때 차의 색깔이 진하게 나올 수 있을 만큼의 양으로 조절한다. 녹차나 홍차는 티백으로 되어 있을 경우 여러 개를 사용해야하며, 둥글레 차는 시간이 오래 걸리므로 미리 끓여서 사용할 수 있다.

4.2 야채 물로 밀가루 점토 만들기 유아

주요 경험	• 야채를 갈아 다양한 색깔의 야채 물과 밀가루 반죽을 만들어 본다. • 밀가루 반죽을 만들기 위한 재료를 알아보고 촉감을 느껴 본다.

활동 자료	• 밀가루, 당근, 시금치, 보라색 양배추, 상추, 빵 칼, 믹서, 식용유, 소금, 반죽 그릇

[**활동 방법**]

1. 재료를 탐색한다.

   • 여기에 무엇이 있니?

   • 여러 가지 야채들이 있네.

   • 당근은 무슨 색이니?

   • 양배추는 무슨 색이니?

2. 야채 물(주스)을 만든다.

   • 야채를 잘라 보자.

   • 믹서에 넣어 볼까?

   • 버튼을 눌러보자.

   • 당근이 갈아지다가 멈춰 버렸네.

   • 어떻게 해야 할까?

   • 이럴 때는 물을 조금 넣어 보자.

   • 덩어리 없이 잘 갈아지면 반죽 그릇에 옮겨 보자.

3. 밀가루 반죽을 만든다.

   • 야채 물에 밀가루를 넣어 보자, 물이 이정도 있으니 밀가루는 얼마만큼 넣어야 할까?

   • 식용유와 소금은 선생님이 넣어 볼게.

- 왜 식용유와 소금을 넣을까?

- 손으로 반죽을 해 볼까?

- 선생님처럼 반죽을 손으로 쥐었다 폈다 하면서 물과 밀가루가 잘 섞이도록 해보자, 손바닥으로 누르면서 반죽을 뒤집으면서 해 보자.

- 밀가루가 남아서 덩어리가 잘 만들어지지 않은 친구는 왜 그럴까?

- 어떻게 해야 할까?

- 밀가루 반죽이 죽처럼 되어서 덩어리가 만들어지지 않은 친구는 왜 그럴까?

- 어떻게 해야 할까?

4. 밀가루 반죽으로 다양한 모양을 만들어 보자.

- 무엇을 만들고 싶니?

- 만든것을 선생님에게 설명해 줄 수 있겠니?

5. 다음에 사용하기 위하여 냉장고에 보관한다.

- 어디에 보관하면 오랫동안 변하지 않고 가지고 놀 수 있을까?

⚙ 참고사항

- 놀이 활동 후 위생 팩이나 뚜껑 있는 그릇에 담아 냉장고에 넣어 둔다.

- 다음 활동을 할 때는 냉장고에서 바로 꺼내어 차가운 느낌으로 활동을 하도록 하면 차가운 촉감을 느낄 수 있다.

오이 반죽

적색 양배추 반죽

당근 반죽

4.3 촉감 밀가루 반죽 만들기 [유아]

주요 경험	• 밀가루 반죽을 만들기 위한 재료를 알아보고 촉감을 느껴 본다. • 다양한 촉감을 느낄 수 있는 밀가루 반죽을 만들어 본다.
활동 자료	밀가루, 물, 식용유, 소금, 콩, 옥수수, 톱밥, 조, 검정 쌀, 반죽 그릇

[활동 방법]

1. 재료를 탐색한다.

   • 여기에 무엇이 있니?

   • 만져볼까?

   • 어떤 느낌이 드니?

2. 다양한 촉감 반죽을 만들어 본다.

   • 물에 밀가루를 넣어 보자, 물이 이정도 있으니 밀가루는 얼마만큼 넣어야할까?

   • 콩을 넣어 보자.

   • 식용유와 소금은 선생님이 넣어 볼게.

   • 왜 식용유와 소금을 넣을까?

   • 손으로 반죽을 해 볼까?

   • 선생님처럼 반죽을 손으로 쥐었다 폈다 하면서 물과 밀가루가 잘 섞이도록 해보자, 손바닥으로 누르면서 반죽을 뒤집으면서 해 보자.

   • 밀가루가 남아서 덩어리가 잘 만들어지지 않은 친구는 왜 그럴까?

   • 어떻게 해야 할까?

   • 밀가루 반죽이 죽처럼 되어서 덩어리가 만들어지지 않은 친구는 왜 그럴까?

   • 어떻게 해야 할까?

   • 그럼 이번에는 톱밥 밀가루 반죽을 만들어 보자.

• 다른 친구들은 옥수수, 조, 검정 쌀을 넣어 밀가루 반죽을 만들 수 있을까?

3. 밀가루 반죽으로 다양한 모양을 만들어 본다.

• 이 반죽은 다른 반북과 어떤 점이 다르게 느껴지니?

4. 다음 놀이 활동에서 하기 위하여 냉장고에 보관한다.

• 어디에 보관하면 오랫동안 변하지 않고 가지고 놀 수 있을까?

❀ 참고사항

• 놀이 활동 후 위생 팩이나 뚜껑 있는 그릇에 담아 냉장고에 넣어 둔다.

• 다음 활동을 할 때는 냉장고에서 바로 꺼내어 차가운 느낌으로 활동을 하도록 하면 새로운 촉감을 느끼다.

| 수수 점토 | 소금 점토 | 톱밥 점토 | 조 점토 |

| 검은콩 점토 | 팥 점토 | 검은깨 점토 | 옥수수 점토 |

| 쌀 점토 | 흑미 점토 |

5 밀가루 점토 활동

5.1 밀가루 점토 주무르기 영아

주요 경험	• 밀가루 반죽의 촉감을 느껴 본다. • 밀가루 반죽으로 다양한 활동을 해 본다.

활동 자료	• 밀가루 반죽, 빵 칼, 모양 틀

[활동 방법]

1. 밀가루 반죽을 만들어 본다.

- 선생님과 함께 밀가루 반죽을 만들어 보자.

- ○○가 그릇에 밀가루를 넣어 주겠니?

- ○○는 물을 넣어 주겠니?

- 기름을 넣으면 밀가루 반죽할 때 손에 잘 붙지 않아 좋단다. 그리고 오랫동안 변하지 않고 밀가루 반죽 놀이를 할 수 있도록 소금도 넣을 거야.

- 처음엔 선생님이 해 볼게 나중에 친구들이 해 보자.

- 모두 잘 섞이도록 주물 주물, 뭉치고, 다시 주물주물, 다시 뭉치고, 점점 덩어리가 되어가네.

- 누가 선생님처럼 반죽을 해 보겠니?

- 다른 친구들도 해 보겠니?

- 밀가루 반죽이 너무 말랑말랑해서 잘 뭉쳐지지가 않네.

- 밀가루를 더 넣어야 겠다.

2. 다양한 방법으로 주물러 본다.

- 두 손으로 반죽을 들어 보자.

- 바닥에 놓고 손가락으로 눌러볼까? 손가락 하나로 눌러보자, 손가락 두 개로 눌러 보자. 손가락이 반죽 속으로 쏘옥 들어가 손가락이 보이지 않네.

- 주먹으로 쳐 볼까? 탕탕, 톡톡

- 반죽이 넓어 졌네.

3. 반죽을 떼어내어 본다.

- 덩어리에서 반죽을 떼어내어 보자.

- 두 손으로 동글동글 포도 알을 만들어 볼까?

- 두 손으로 말아서 길게 만들어 보자, 뱀처럼 길어 졌구나.

4. 반죽을 잘라 본다.

- 뱀처럼 길어진 반죽을 바닥에 놓아 보자.

- 이번에는 바닥에 놓고 선생처럼 굴려 보자.

- 누가 더 길게 만들었을까?

- 케이크를 자르는 칼이 있네, 이 칼로 뱀처럼 길어진 반죽을 잘라 보자.

- 칼을 반죽 위에 놓고 힘껏 눌러서 문질러 보자.

- 여러 개의 밀가루 반죽이 만들어 졌구나.

- 이번에는 잘라진 밀가루 반죽을 함께 모아서 하나로 만들어 보자.

- 다시 하나가 되었네.

5. 모양 틀로 찍어 본다.

- 반죽을 손바닥으로 눌러 넓게 만들어 보자.

- 모양 틀로 찍어볼까?

- ○○는 별 모양을 만들었네.

- ○○는 사과 모양을 만들었구나.

- ○○는 자동차가 되었어.

5.2 메추리알 판에 담아 보기 영아

주요 경험	• 밀가루 반죽은 분리되었다 다시 하나로 될 수 있다는 것을 경험 한다. • 밀가루 반죽으로 메추리 알 판을 채워 본다.

활동 자료	• 밀가루 반죽, 메추리 알 판

[활동 방법]

1. 밀가루 반죽을 만들어 본다.

   • 선생님과 함께 밀가루 반죽을 만들어 보자.

   • 그릇에 밀가루를 넣어 볼까?

   • 다음에는 물을 넣어 보자.

   • 이번에는 선생님이 기름과 소금을 넣어볼께, 기름을 넣으면 밀가루 반죽할 때 손에 잘 붙지 않아 좋단다. 그리고 오랫동안 변하지 않고 밀가루 반죽 놀이를 할 수 있도록 소금도 넣을 거야.

   • 처음엔 선생님이 해 볼께 나중에 친구들이 해 보자.

   • 모두 잘 섞이도록 주물 주물, 뭉치고, 다시 주물 주물, 다시 뭉치고, 점점 덩어리가 되어 가네.

   • ○○도 선생님처럼 반죽을 해 보겠니?

2. 메추리알 판을 관찰하고 반죽을 떼어내어 알판을 채운다.

   • 이것을 무엇일까?

   • 무엇이 들어 있던 것일까?

   • 달걀보다 작은 메추리알을 담았던 판이야.

   • 모양이 어떻게 생겼니?

   • 알이 들어 있었던 곳이 비어 있어서 가볍구나.

   • 알판을 들어볼까?

- 반죽을 조금씩 떼어 내어 볼까?

- 두 손 바닥으로 동글동글 만들어 보자.

- 알판을 채워 보자.

- 밀가루 반죽을 또 떼어내어 동글동글 만든 다음 알판에 채워 보자.

- 누가 많이 채웠나 볼까?

- ○○는 벌써 4개가 채워졌네.

- 점점 메추리 알판이 다 채워져 가네.

3. 밀가루 반죽을 알판에서 떼어내어 다시 하나로 만들어 본다.

- 다 채워진 메추리 알 판을 두 손으로 들어보자.

- 밀가루가 다 채워져 이제 무거워 졌네.

- 다시 가볍게 하려면 어떻게 해야 할까?

- 하나씩 떼어내어 보자.

- 떼어 낸 밀가루 반죽을 모두 한곳에 모아 보자.

- 밀가루 반죽이 하나의 덩어리가 되도록 뭉쳐 보자.

- 처음처럼 다시 하나가 되었네.

5.3 밀가루 점토에 꼽기 영아

주요 경험	• 밀가루 반죽은 말랑말랑하여 다른 물건을 쉽게 꽂을 수 있다는 것을 경험한다. • 밀가루 반죽에 여러 가지 물건을 꽂아 본다.

활동 자료	• 밀가루 반죽, 면봉, 빨대, 나무젓가락, 연필, 볼펜, 나뭇가지

[활동 방법]

1. 밀가루 반죽을 만들어 본다.

   • 선생님과 함께 밀가루 반죽을 만들어 보자.

   • 그릇에 밀가루를 넣어 볼까?

   • 다음에는 물을 넣어 보자.

   • 기름을 넣으면 밀가루 반죽할 때 손에 잘 붙지 않아 좋단다. 그리고 오랫동안 변하지 않고 밀가루 반죽 놀이를 할 수 있도록 소금도 넣을 거야.

   • 처음엔 선생님이 해 볼게 나중에 친구들이 해 보자.

   • 모두 잘 섞이도록 주물 주물, 뭉치고, 다시 주물 주물, 다시 뭉치고, 점점 덩어리가 되어 가네.

   • ○○도 선생님처럼 반죽을 해 보겠니?

   • 겠다.

2. 밀가루 반죽에 여러 가지 물건을 꽂아 본다.

   • 밀가루 반죽을 공처럼 동그랗게 만들어 보자

   • 여기에 여러 가지 물건들이 있네

   • 면봉, 빨대, 나무젓가락, 연필, 볼펜, 나뭇가지가 있구나

   • 모두 길게 생긴 것들이네

- 동그란 밀가루 반죽에 나무젓가락을 꽂아보자, 면봉도 꽂고, 연필도 꽂고, 나뭇가지도 꽂아보자.
- 밀가루 반죽 속으로 쏘오옥 들어갔네.
- 넘어지지 않고 세워졌네.

❀ 참고사항

- 밀가루 반죽에 사물을 꽂아 보기 활동을 하기 위해서는 밀가루 반죽을 단단하게 하여야 한다.

5.4 밀가루 점토에서 숨바꼭질 영아

주요 경험	밀가루 반죽 속에 물건을 숨겨 본다. 밀가루 반죽 속에서 물건을 찾아본다.

활동 자료	밀가루 반죽, 큰 구술, 피 땅콩, 호두, 큰 단추, 동전

[활동 방법]

1. 밀가루 반죽을 만들어 본다.

   • 선생님과 함께 밀가루 반죽을 만들어 보자.

   • 그릇에 밀가루를 넣어 볼까?

   • 다음에는 물을 넣어 보자.

   • 기름을 넣으면 밀가루 반죽할 때 손에 잘 붙지 않아 좋단다. 그리고 오랫동안 변하지 않고 밀가루 반죽 놀이를 할 수 있도록 소금도 넣을 거야.

   • 처음엔 선생님이 해 볼게 나중에 친구들이 해 보자.

   • 모두 잘 섞이도록 주물 주물, 뭉치고, 다시 주물 주물, 다시 뭉치고, 점점 덩어리가 되어 가네.

   • ○○도 선생님처럼 반죽을 해 보겠니?

2. 밀가루 반죽 속에 물건을 숨긴다.

   • 여기에 구술, 땅콩, 호두, 큰 단추, 동전이 있네.

   • 이것으로 오늘은 숨바꼭질 놀이를 해 보자.

   • 밀가루 반죽 속에 구술을 보이지 않게 넣어 보자.

   • 구술이 숨어버렸네, 보이지 않네.

   • 다른 친구들도 숨바꼭질을 하고 싶은가봐.

   • 땅콩, 호두, 단추, 동전도 숨겨 보자.

- ○○는 숨긴 땅콩이 보이네, 보이지 않도록 밀가루 반죽을 주물러 보자.

3. 밀가루 반죽 속에 숨긴 물건들을 찾는다.

- 조금 전에 숨겼던 구술, 땅콩, 호두, 큰 단추, 동전을 찾아보자.
- 선생님은 단추를 찾았어.
- ○○는 호두를 찾았구나.
- 숨겼던 것들을 모두 찾아보자.

❈ 참고사항

- 밀가루 반죽에 사물을 숨기고 다시 찾아보기 활동을 하기 위해서는 밀가루 반죽을 약간 묽게 하여야 한다.

6 자연 물로 꾸미기

6.1 물 위에 띄우기 영아

주요 경험	• 정해진 꽃과 풀, 나뭇잎을 따고 주워 본다. • 자연물을 물 위에서 꾸며 본다.

활동 자료	• 큰 그릇, 물, 꽃, 풀, 나뭇잎

[활동 방법]

1. 정해진 장소의 꽃과 풀, 나뭇잎을 따고 줍는다.(실외)

   • 철쭉꽃이 정말 많이 피었구나.

   • 선생님과 함께 이 나무에서만 꽃을 따 보자.

   • ○○는 꽃잎 세 개를 땄구나.

   • 저쪽으로 가서 풀과 나뭇잎도 주워 볼까?

2. 물 위에 꽃과 풀, 나뭇잎을 띄워 본다.

   • 선생님이 철쭉 꽃 잎을 띄워 볼게.

   • 물 위에 둥둥 떴네.

   • 입으로 "후"하고 불어볼까?

   • 꽃잎들이 둥둥둥 떠다니네.

   • 친구들도 꽃잎을 넣어보자.

   • 물위가 꽃밭이 되었구나.

   • 다른 풀과 나뭇잎도 넣어보자.

- 이제 물이 보이지 않을 만큼 꽃과 나뭇잎, 풀로 가득차 버렸네.

▩ 참고사항

- 떨어진 꽃잎을 주워서 할 수 도 있으며, 떨어진 꽃들이 시들어 형체가 좋지 않을 경우에는 활동을 위하여 한 그루 정도 정해서 꽃잎을 따도록 한다. 꽃이 많이 피는 봄에 활동을 하면 좋다.

6.2 낙엽으로 왕관 만들기 영아

주요 경험	• 나뭇잎을 주워 본다. • 나뭇잎으로 왕관을 만들어 본다.

활동 자료	• 나뭇잎, 마닐라지로 만든 왕관 모양, 크레파스나 색연필, 굵은 매직, 투명 접착 테이프, 스테플러

[활동 방법]

1. 나뭇잎을 주워본다.

   • 정말 많은 나뭇잎들이 떨어졌구나.

   • 나뭇잎을 발로 밟아 보자.

   • 나뭇잎들이 무슨 소리를 내니.

   • '삭삭', '사그락 사그락'

   • 이번에는 나뭇잎들을 두 손으로 주워서 위로 높이 날려 보자.

   • 나뭇잎들이 춤을 추면서 내려오네.

   • 나뭇잎이 ○○의 머리 위에 떨어졌네.

   • 가장 크고 마음에 드는 나뭇잎들을 주워 보자.

   • ○○는 빨간색 단풍나무 잎을 주었네.

   • ○○는 노란 은행 나뭇잎을 주었구나.

2. 왕관에 그림을 그린다.

   • 선생님이 긴 종이를 이렇게 동그랗게 해서 머리에 왕관처럼 쓸 거야.

   • 왕관에 그림을 그려보자.

   • 그림을 다 그린 친구는 머리에 쓸 수 있도록 선생님이 스테플러와 테이프로 동그
랗게 만들어줄게.

3. 왕관에 나뭇잎을 붙인다.

- 친구들이 그린 왕관을 머리에 쓸 수 있도록 친구들 머리 크기에 맞게 동그랗게 만들었어.

- 모자처럼 머리에 맞니?

- 우리가 밖에서 주워 온 나뭇잎을 붙여보자.

- 선생님과 함께 테이프로 붙여보자.

4. 왕관을 쓰고 친구들의 나뭇잎 왕관을 감상한다.

⊛ 참고사항

- 영아이므로 큰 종류의 낙엽이 좋으며, 낙엽이 많이 떨어지는 가을에 활동을 하면 좋다.

6.3 자연물로 꾸미기 [유아]

주요 경험	• 주위를 산책하며 자연물을 주워 본다. • 자연물로 꾸며 본다. • 도구를 이용해 색깔을 칠해 본다.

활동 자료	• 도화지, 꽃, 풀, 나뭇잎, 나뭇가지, 물풀, 투명 접착테이프, 분무기, 물감

[활동 방법]

1. 자연물을 주워본다.

   • 밖으로 나가서 떨어진 꽃잎이나 풀, 나뭇잎, 나뭇가지 등을 주워 오자.

   • 철쭉꽃이 많이 떨어졌네, 목련 꽃도 떨어졌구나.

   • 선생님처럼 잔디 위를 손으로 쓸어볼까?

   • 초록색 큰 나뭇잎들이 떨어져 있네.

   • 가을에만 나뭇잎이 떨어진 줄 알았는데 봄에도 떨어지는 나뭇잎들이 많구나.

   • 풀밭에서 풀들도 뜯어보자.

2. 자연물로 꾸며본다.

   • 주워 온 나뭇잎과 꽃 들을 무엇으로 종이에 붙이면 잘 붙을까?

   • ○○는 주워 온 꽃, 풀, 나뭇잎, 나뭇가지로 무엇을 꾸미고 싶니?

   • 나뭇가지는 풀로 붙지 않네, 무엇으로 붙이면 가능할까?

   • ○○는 꽃과 풀로 꾸며서 꽃밭을 만들었네.

3. 바탕색을 칠한다.

   • 쉽게 바탕색을 칠하는 방법은 없을까?

   • 분무기에 물과 물감을 넣고 흔들어서 물감 물을 만들어 보자.

   • 멀리서 종이 위에 뿌려 볼까?

- 물감이 안개처럼 변했네.
- 붓으로 하지 않고 분무기를 이용해서 바탕을 칠하니 빨리 할 수 있게 되었네.

4. 그늘에 말린 후 전시한다.

- 시간이 지남에 따라 자연물들이 어떻게 변하는지 관찰한다.

❀ 참고사항

- 꽃들이 많이 피고 떨어지는 봄과 낙엽과 도토리 솔방울, 열매 등이 많이 떨어지는 가을에 할 수 있다. 같은 자연 물이지만 봄과 가을은 그림에서 풍겨진 분위기가 많이 다르다.
- 전지에 봄 동산이나 가을 동산을 협동 활동으로 꾸밀 수 있다.

6.4 낙엽으로 벌레 만들기 유아

주요 경험	• 나뭇잎과 나무 가지를 주워 본다. • 나뭇잎과 나무 가지로 다양한 모양을 만들어 본다.

활동 자료	• 나뭇잎, 나뭇가지, 글루건

[활동 방법]

1. 나뭇잎과 나뭇가지를 주워본다.

   • 정말 많은 나뭇잎들이 떨어졌구나.

   • 나뭇잎을 발로 밟아 보자.

   • 나뭇잎들이 무슨 소리를 내니.

   • '삭삭', '사그락 사그락'

   • 이번에는 나뭇잎들을 두 손으로 주워서 위로 높이 날려 보자.

   • 나뭇잎들이 춤을 추면서 내려오네.

   • 나뭇잎이 ○○의 머리 위에 떨어졌네.

   • 가장 크고 마음에 드는 나뭇잎들을 주워 보자.

   • 나무 가지도 떨어져 있구나.

   • 나무 가지를 구부려 볼까? 잘 부러지네.

2. 벌레 모양을 만든다.

   • 나뭇잎과 나무가지로 무엇을 만들 수 있을까?

   • 나뭇잎과 나무가지로 벌레를 만들 수 있을까?

   • 종이 위에 벌레모양을 만들어 놓아 볼까?

   • ○○는 나뭇잎과 나무 가지로 벌레 모양을 만들었구나.

   • ○○은 나무 가지로만 만들었네.

• 모두 다른 모양의 벌레를 만들었구나.

3. 나뭇잎과 가지를 종이에 붙인다.

   • 종이에 떨어지지 않게 붙여보자.

   • 글루건으로 선생님이 본드를 발라 주면 종이에 붙일 수 있겠니?

   • 벌레의 이름을 만들어 볼까?

4. 작업물을 전시한다.

   • 벌레들을 어디에 놓아두면 가장 좋을까?

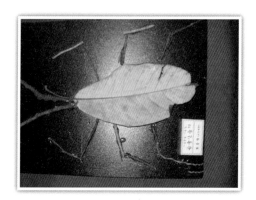 

7 선 그림(스티커 그림)

7.1 스티커 실 그림 영아

주요 경험	• 실을 스티커로 붙여 본다. • 실로 다양한 모양을 만들어 본다.

활동 자료	• 도화지, 넓고 다양한 스티커, 다양한 길이의 굵은 실(60cm~100cm정도)

[활동 방법]

1. 재료를 탐색한다.

   • 여기에 무엇이 있니?

   • 친구들이 좋아하는 스티커가 있네.

   • 옷이나 장갑, 목도리를 뜰 때 사용하는 실도 있구나.

   • 실을 하나씩 들어볼까?, 높이 들어보자.

   • 실이 키 보다 더 긴 친구들도 있네.

2. 종이 위에 실을 놓아본다.

   • 종이 위에 실을 놓아보자.

   • 뱀처럼 길게 놓은 친구도 있고, 동그란 모양을 만든 친구도 있구나.

3. 스티커로 실을 고정 시킨다.

   • 스티커를 떼어 내어보자.

   • 어떻게 하면 잘 떼어지니?

   • 실위에 스티커를 붙여볼까?

- 붙인 다음 스티커를 꼭꼭 눌러보자.

- 스티커를 붙였더니 실이 움직이지 않고 종이에 붙었구나.

- 종이를 들고 흔들어도 실이 떨어지지지네.

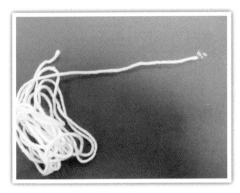 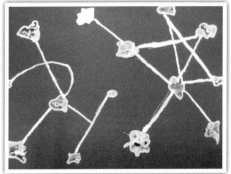

7.2 수정 액으로 선 그리기 유아

주요 경험	• 다양한 도구로 그림을 그려본다. • 스티커를 따라 선으로 다양한 그림을 그려본다.

활동 자료	• 검정색 도화지, 흰색과 검정색 색 종이, 여러 종류의 스티커, 수정 액

[활동 방법]

1. 재료를 탐색한다.

   • 여기에 무엇이 있니?

   • 수정 액을 본적이 있니?

   • 어디에 사용하는 것일까?

   • 수정 액으로 선을 그려볼까?

   • 흰색 색종이와 검정색 색종이에 그려보자.

   • 하얀 색종이 위에 그려보니 그림이 어떻게 되었니?

   • 검정 색종이 위에 그려보니 그림이 어떠니?

   • 수정 액으로 그림을 그리려면 어떤 색의 도화지에 그리면 좋을 것 같니?

2. 도화지 위에 스티커를 붙인다.

   • 검정색 도화지 위에 스티커를 붙여보자.

   • 종이에 골고루, 여기 저기 붙여보자.

3. 스티커와 스티커를 수정 액으로 연결한다.

   • 스티커와 스티커 사이를 수정 액을 이용해 선으로 연결하여 보자.

   • 혼자 있는 스티커가 없도록 모든 스티커들을 서로 연결하여 보자.

4. 선 그림을 감상한다.

- 스티커와 스티커 사이를 연결하였더니 여러 가지 모양이 나타났네

- 그림을 보고 어떤 모양들이 나타났는지 찾아볼까?

- 친구들에게 설명해 줄 수 있겠니?

5. 그림을 전시한다.

- 이 그림을 어디에 붙여 놓으면 가장 어울릴 것 같니?

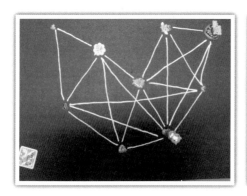 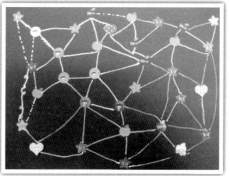

8 우산 꾸미기

8.1 우산에 그림 그리기 영아

주요 경험	• 다양한 재료에 그림을 그려본다. • 우산에 내리는 비를 그려본다.

활동 자료	• 무늬가 없는 밝은 색의 우산, 굵은 매직

[활동 방법]

1. 재료를 탐색한다.

   • 여기에 무엇이 있니?

   • 우산을 써 본 친구들이 있니?

   • 어떤 때 써 보았니?

   • 우산을 쓰면 뭐가 좋을까?

2. 우산에 그림을 그린다.

   • 우산에 그림이 없구나, 우리가 우산에 그림을 그려줄까?

   • 선생님이 우산이 움직이지 않도록 안쪽에서 잡고 있을 테니 친구들은 우산 겉쪽에서 그림을 그려보자.

   • 어떤 그림을 그리고 싶니?

   • 비가 우산에 떨어지면 어떻게 될까? 비가 우산에 떨어지는 그림을 그려볼까?

   • ○○가 빨간색으로 그리니, 빨간색 비가 되었네.

   • ○○는 노란색 비를 그리고 있구나.

   • 무지개처럼 여러 색깔의 비가 되었구나.

• 다른 그림을 그리고 싶은 친구는 마음대로 그려 보세요

3. 천정에 매달아 전시한다.

 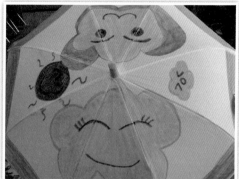

8.2 우산 모빌 만들기 `유아`

주요 경험	• 다양한 재료를 활용하여 본다. • 우산을 이용해 모빌을 만들어 본다.

활동 자료	우산, 뿅뿅이, 부직포, 바늘, 실(60㎝정도), 가위, 사인펜

[**활동 방법**]

4. 재료를 탐색한다.

   • 여기에 무엇이 있니?

   • 이것으로 무엇을 만들어 볼까?

   • 실과 바늘은 어디에 사용 할 것 같니?

5. 부직포로 모양을 오려 만든다.

   • 부직포를 가위로 오려보자.

   • 무슨 모양을 만들고 싶니?

   • 사인펜으로 그린 다음 가위로 오려 본다.

6. 바늘과 실로 우산에 매달 수 있는 끈을 만든다.

   • 뿅뿅이와 모양 부직포를 어떻게 우산에 매달아 볼까?

   • 끈을 어떻게 연결할 수 있을까?

   • 바늘에 실을 꿰어보자.

   • 바늘로 부직포에 실을 연결하여 보자.

   • 뿅뿅이에도 실을 연결하여 보자.

7. 우산에 달아본다.

   • 우산을 펴서 손잡이가 위로 가도록 거꾸로 뒤집어 놓는다.

   • 우산에 어떻게 매 달 수 있을까?

- 바늘로 우산과 연결하여 보자

- 선생님이 실이 빠지지 않도록 안에서 매듭을 만들어줄게

8. 천정에 매달아 우산 모빌이 되도록 한다.

9 창문 꾸미기

9.1 TP지(OHP필름)에 데칼코마니로 그리기 `영아`

주요 경험	• 다양한 재료에 그림을 그려본다. • 작품을 창 문 장식으로 활용해 본다.

활동 자료	• 물감, TP지(OHP필름), 투명 접착테이프

[**활동 방법**]

1. 재료를 탐색한다.

   • 여기에 무엇이 있니?

   • 오늘은 종이가 아닌 다른 곳에 그림을 그려보자.

2. TP지(OHP필름)위에 물감을 짜고 데칼코마니 기법으로 무늬를 만든다.

   • 선생님처럼 TP지(OHP필름)를 반으로 접어보자.

   • 한쪽에만 물감을 짜 보자.

   • 좋아하는 색깔의 물감을 골라보자.

   • ○○는 무슨 색의 물감을 골랐니?

   • TP지(OHP필름)위에 물감을 짜 볼까?

   • 다른 색을 물감도 골라 짜 보자.

   • ○○는 빨간색과 노란색, 초록색 그리고 하늘색의 물감을 종이 위에 짰구나.

   • 물감이 없는 TP지(OHP필름)를 물감이 있는 쪽으로 접어보자.

   • 손바닥으로 눌러보자.

- 물감이 없는 쪽으로 물감을 밀어볼까?

- 물감들이 서로 섞이니 다른 색이 생겼네.

- 다시 TP지(OHP필름)를 펴보자.

- 정말 신기한 모양이 생겼구나.

- 왼쪽, 오른쪽 똑같은 모양이 되었네.

3. 물감이 마른 뒤 유리창에 붙여 전시한다.

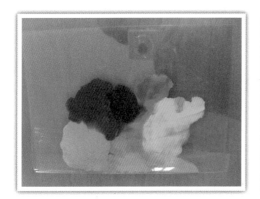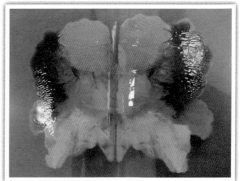

9.2 TP지(OHP필름)에 그림그리기 유아

주요 경험	• 다양한 재료에 그림을 그려본다. • 작품을 창 문 장식으로 활용해 본다.

활동 자료	유성매직, 유성 사인펜, TP지(OHP필름), 투명 접착 테이프

[활동 방법]

1. 재료를 탐색한다.

   • 무엇을 할 때 사용하는 것일까?

   • OHP라는 기계가 있는데 그 기계는 TP지라는 이 종이를 올려놓고 기계를 작동하면 종이에 그려진 작은 그림이 영화처럼 크게 보이게 하는 기계란다.

   • 그런데 오늘은 TP지에 그림을 그리려고 해.

2. TP지에 그림을 그린다.

   • 사인펜과 매직으로 그림을 그려보자.

   • 종이에 그릴 때와 느낌이 어떻게 다르니?

   • 종이에 그릴 때와 색깔이 어떻게 다르니?

3. 유리창에 붙여 전시한다.

10 티셔츠 꾸미기

10.1 창호지 티셔츠 꾸미기 영아

주요 경험	• 한지에 그림을 그려본다. • 한지에 물감이 번지는 과정을 관찰한다.

활동 자료	흰색 한지로 만든 티셔츠 모양, 물감, 접시, 세탁소용 옷걸이, 붓, 스티커

[활동 방법]

1. 재료를 탐색한다.

    • 여기에 무엇이 있니?

    • 종이로 만든 옷이 있구나.

    • ○○가 입어 보자, 선생님이 입혀 줄게.

    • 정말 입을 수도 있구나.

    • 그런데 옷에 아무 무늬도 색깔도 없어.

    • 우리가 옷에 무늬와 색깔을 입혀주자.

2. 한지 티셔츠에 물감을 묻힌다.

    • 옷을 접듯이 티셔츠를 접어보자.

    • 옷을 물감이 있는 접시에 넣었다 빼 보자.

    • 다른 쪽은 다른 색 물감 접시에 넣었다 빼 보자.

    • 물감이 옷에서 점점 번져가네.

    • 옷을 펼쳐보자.

    • 옷에 무늬가 만들어졌네

3. 한지 티셔츠를 다양한 방법으로 꾸며본다.

  - 한지 티셔츠에 그림으로 꾸며 볼까?

  - 한지 티셔츠에 스티커를 붙여 꾸며 볼까?

  - 무슨 색으로 꾸며보고 싶니?

4. 한지 옷을 직접 입어보거나 옷걸이에 걸어 긴 줄에 말린다.

  - 한지 옷을 입어볼까?

  - 옷을 입고 걸어볼까? 춤을 추어볼까?

  - 옷걸이에 옷을 걸어보자.

  - 옷걸이를 줄에 걸어 보자.

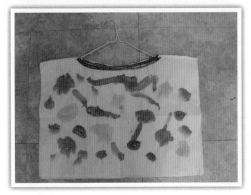
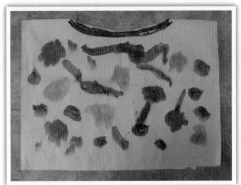

10.2 흰 티셔츠에 염색하기 유아

주요 경험	• 흰색 천 티셔츠에 다리미 열을 이용하여 염색을 하여 본다. • 다양한 방법으로 그림을 그려본다.

활동 자료	• 흰색 천 티셔츠, 염색 색종이, 다리미, 가위, 얇은 종이

[활동 방법]

1. 재료를 탐색한다.

   • 여기에 무엇이 있니?

   • 염색이란 무엇을 어떻게 하는 것일까?

   • 천을 물에 담가 염색하는 방법도 있지만, 색종이로 염색하는 방법도 있단다.

   • 오늘은 흰 색 티셔츠에 색종이로 염색을 해보자.

   • 다리미는 어디에 사용할 것 같니?

2. 색종이를 오린다.

   • 티셔츠에 무슨 모양으로 염색을 하고 싶니?

   • 원하는 모양을 가위로 오려보자.

   • 원하는 모양을 손으로 찢어 오릴 수 도 있단다.

3. 다리미로 염색을 한다.

   • 오린 모양을 티셔츠 위에 놓아보자.

   • 다리미로 다리기 전에 오린 모양 위에 종이를 덮어볼까?

   • 선생님과 함께 다리미로 다려보자.

   • 모양이 있는 곳에 다리미를 잠깐 멈추었다 다시 움직여 보자.

4. 염색된 모양을 살펴보고 직접 입어본다.

- 염색 색종이와 색깔이 어떻게 다르니?

- 색깔이 마음에 드니?

- 티셔츠를 입어보자.

- 이 세상에 하나 밖에 없는 내가 만든 티셔츠를 입어보니 기분이 어떠니?

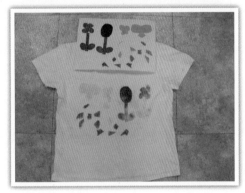

11.1 케이크 컵에 꾸미기 영아

주요 경험	• 다양한 재료를 이용하여 꾸미기를 하여본다. • 사물을 다른 용도로 사용하여 본다.

활동 자료	• 케이크 컵(기름종이나 호일로 된 것), 도화지, 뽕뽕이, 스티로폼 공, 마카로니, 목공 풀, 풀

[**활동 방법**]

1. 재료를 탐색한다.

   • 여기에 무엇이 있니?

   • 어디서 본적이 있니?

   • 빵을 먹을 때 보았던 것 같은데, 이 컵 안에 빵이 들어 있었지?

   • 그런데 이렇게 주름을 펴면 평평해 지네.

2. 케이크 컵을 도화지에 붙인다.

   • 케이크 컵을 선생님처럼 펼쳐보자.

   • 도화지에 붙이려면 어떻게 해야 할까?

   • 케이크 컵 뒤쪽에 풀을 칠한 다음 도화지에 붙여보자.

   • 도화지의 여기저기에 붙여보자.

   • ○○는 4개의 케이크 컵을 붙였네.

3. 케이크 컵 안에 다양한 사물을 붙여 본다.

- 케이크 컵 안에 여기에 있는 뽕뽕이, 콩, 옥수수, 마카로니를 붙여보자.

- 이것들은 목공 풀로 칠해야 붙는단다.

- 친구들 손에 닿으면 위험하니 선생님을 풀을 칠해 줄게.

- 풀을 칠한 다음 뽕뽕이, 스티로폼 공, 마카로니를 한 곳에 한 가지씩 붙여보자.

- ○○는 뽕뽕이를 붙이고 있네.

- ○○는 마카로니도 붙였구나.

4. 풀이 마른 다음 손으로 만져본다.

- 뽕뽕이, 마카로니를 손바닥으로 만져보자.

- 어떤 느낌이 드니?

5. 소꿉영역에 놓아둔다.

11.2 케이크 컵으로 꾸미기 유아

주요 경험	• 정해진 사물의 모양을 이용하여 꾸미기를 하여본다. • 사물을 다른 용도로 사용하여 본다.

활동 자료	• 케이크 컵(기름종이나 호일로 된 것), 도화지, 그리기 도구, 풀

[활동 방법]

1. 재료를 탐색한다.

   • 여기에 무엇이 있니?

   • 어디서 본적이 있니?

   • 이 컵 안에 무엇이 있었니?

   • 케이크 컵을 만져 보자, 넓게 펴 보고, 다시 오므려 보자.

   • 주름이 많이 있어서 펴지기도 하고 다시 오므려 들기도 하는구나.

2. 도화지에 케이크 컵을 붙인다.

   • 어디에 풀칠을 해야 할까?

   • 도화지의 여러 곳에 붙여 보자.

   • ○○는 몇 개를 붙였니?

3. 케이크 컵을 활용하여 그림을 그린다.

   • 케이크 컵을 도화지에 붙이니 무슨 모양을 닮았니?

   • 이 케이크 컵을 이용하여 무엇을 그리고 싶니?

   • 케이크 컵 안에도 그릴 수 있고 밖에도 그릴 수 있단다.

   • ○○는 꽃을 그렸네.

   • ○○는 해를 그렸구나.

   • ○○는 방긋 웃고 있는 사람을 그렸네.

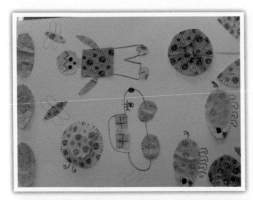

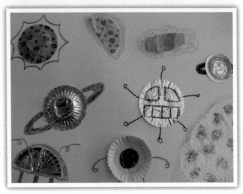

12 종이 달걀판으로 꾸미기

12.1 달걀 판 액자 만들기 영아

주요 경험	• 다양한 재료를 이용하여 꾸미기를 하여본다. • 사물을 다른 용도로 사용하여 본다.
활동 자료	• 종이 계란 판, 큰 붓, 물감, 모루나 리본, 가족사진, 양면테이프

[활동 방법]

1. 재료를 탐색한다.
   - 여기에 무엇이 있니?
   - 어디서 본적이 있니?
   - 무엇을 담았던 거니?
   - 달걀이 깨지지 않게 달걀을 담아 두었던 종이로 만든 달걀판이구나.
   - 그런데 달걀판은 색깔이 한 가지 색만 있구나.
   - 달걀판에 색깔을 칠한 다음 사진을 붙여 액자로 만들어보자.
2. 달걀판을 색칠한다.
   - 붓에 물감을 묻혀 달걀판을 색칠해보자.
   - 달걀판은 산처럼 볼록하게 나온 곳도 있고 들어간 곳도 있어 색을 칠하기가 어렵구나.
   - ○○친구는 위로 올라온 곳만 칠했네, 들어간 곳도 칠해 볼까?
   - 여러 가지 색깔로 칠해보자.
   - ○○는 초록색과 분홍색, 노란색을 칠했구나.

3. 달걀판에 끈을 단다.

- 액자를 만들어서 벽에 걸어 두려면 무엇이 필요할까?

- 끈이 있어야 겠구나.

- 선생님이 달걀판에 구멍을 뚫어 줄게.

- 선생님과 함께 모루나 리본으로 끈을 만들어 볼 수 보자.

4. 물감이 마른 후 사진을 붙이고 벽에 매단다.

- 선생님이 테이프를 붙여줄게.

- 테이프 위에 사진을 붙여 보겠니?

- 선생님과 함께 벽에 걸어보자.

12.2 달걀 판 애 벌레만들기 <u>유아</u>

주요 경험	• 달걀판의 특성을 이용하여 애벌레를 만들어 본다. • 폐품을 활용하여 또 다른 용도로 사용하여 본다.

활동 자료	• 종이 달걀 판, 길게 자른 달걀 판 모루, 색깔 한지, 매직, 눈알, 모형야채와 과일

[활동 방법]

1. 재료를 탐색한다.

   • 어디서 본적이 있니?

   • 무엇을 담았던 거니?

   • 달걀판의 모양이 어떻게 생겼니?

   • 달걀판은 왜 이렇게 만들었을까?

   • 달걀판의 한 줄을 세워볼까?

   • 이쪽 줄은 5개, 다른 쪽은 6개구나.

   • 한 쪽만 길게 잘라 애벌레를 만들 수 있을까?

2. 길게 잘려진 달걀판에 한지를 붙인다.

   • 한지를 달걀판에 붙이려면 어떻게 해야할까?

   • 달걀판이 울퉁불퉁하여 붙이기 어려우니 한지를 잘게 찢어보자.

   • 달걀판엘 풀칠을 해 볼까?, 한지가 잘 붙도록 풀칠을 빠짐없이 해보자.

   • 풀칠을 한 다음 한지를 붙여보자.

   • 달걀판이 보이지 않도록 붙여보자.

3. 애벌레를 완성한다.

   • 애벌레에게 눈을 만들어 주자.

- 애벌레에게 모루를 이용해서 더듬이도 만들어 줄까?

- 달걀판에 붙이기 어려우니 선생님이 구멍을 뚫어 줄 테니 그 안으로 모루를 넣어봐.

- 더듬이를 붙이기 힘든 친구는 선생님이 도와줄게.

- 애벌레의 몸에 무늬를 만들어 줄까?

- 사인펜으로 무늬를 그려보자.

4. 애벌레 밭을 만들어 본다.

- 모형 과일, 야채와 함께 애벌레를 전시한다.

 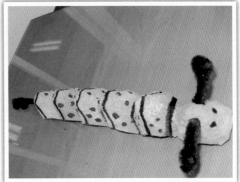

13.1 머쉬멜로우 연결하기 [영아]

주요 경험	• 머쉬멜로우의 부드러운 감촉을 느껴본다. • 사물의 다른 용도를 경험한다.

활동 자료	• 다양한 모양과 크기의 머쉬멜로우, 녹말 이쑤시개

[활동 방법]

1. 재료를 탐색한다.

   • 여기에 무엇이 있니?

   • 만져볼까?

   • 솜처럼, 엄마 살결처럼 부드럽구나.

   • 먹어볼까?

   • 사탕처럼 달콤한 맛이나네.

   • 이 머쉬멜로우는 설탕으로 만들어서 솜사탕처럼 부드럽고 맛이 달콤하단다.

   • 초록색 이쑤시개도 있네, 만져볼까?, 힘을 주어보자.

   • 부러져 버렸네, 이 초록색 이쑤시개는 밀가루와 같은 가루로 만들어서 덜 위험하고 잘 부러진단다. 하지만 날카롭기 때문에 이쑤시개로 친구와 장난을 치면 위험하단다.

2. 머쉬멜로우로 이쑤시개를 연결하여 본다.

   • 선생님처럼 머쉬멜로우에 이쑤시개를 꽂아볼까?

   • 이쑤시개가 머쉬멜로우 속으로 쏘오옥 들어갔네

- 이쑤시개 반대편에도 머쉬멜로우를 꽂아 보자.

- 자동차 바퀴를 닮았네.

- 이제 어디에 무엇을 꽂아 볼까?

- 한 쪽 머쉬멜로우에 이쑤시개를 꽂아보자, 하나 더 꽂을 수 있겠네.

- 친구들이 생각대로 메쉬멜로우도 끼우고 이쑤시개도 꽂아 보자.

3. 영아들이 만들 작품에 이름을 만들어 본다.

- 선생님이 만든 것은 다리가 많아서 다리가 많이 달린 눈사람이라고 이름을 지어 줄래요.

- ○○가 만든 것에는 어떤 이름을 붙여주고 싶니?

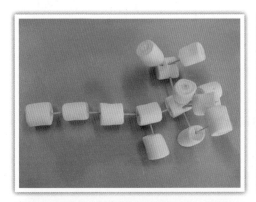
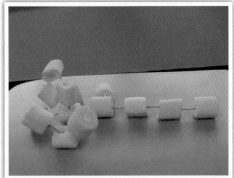

13.2 스티로폼, 뽕뽕이로 연결하기 `유아`

주요 경험	• 사물의 특성을 이해한다. • 사물의 특성을 이용하여 입체 물을 구성하여 본다.

활동 자료	• 나무 이쑤시개, 다양한 크기의 스티로폼 공, 여러 색깔의 뽕뽕이, TP지로 만든 작은 카드

[활동 방법]

1. 재료의 특성을 알아본다.

   • 여기에 무엇이 있니?

   • 만져볼까?, 손가락에 힘을 주어 눌러볼까?

   • 어떤 느낌이니? 눌렀을 때 어떻게 변하니?

   • 이쑤시개를 꽂으면 어떻게 될 것 같니?

   • 끝이 날카로워 부드러운 물건 속으로 쉽게 들어 갈 수 있겠구나, 하지만 위험하니 조심해야 겠다.

2. 스티로폼과 뽕뽕이로 이쑤시개를 연결한다.

   • 스티로폼과 뽕뽕이 그리고 이쑤시개로 무엇을 할 수 있을까?

   • 이쑤시개를 스티로폼에 꽂을 때 느낌이 어떠니?

   • 이쑤시개를 뽕뽕이에 꽂을 때 느낌이 어떠니?

   • 스티로폼과 뽕뽕이 중 어떤 것이 이쑤시개가 더 잘 들어가니?

   • 이쑤시개가 스티로폼 속으로 들어가면서 무슨 소리를 내었니?

3. 스티로폼과 뽕뽕이로 이쑤시개를 연결하여 입체 물을 만든다.

   • 스티로폼과 뽕뽕이를 이쑤시개를 이용하여 계속 연결하여 보자.

   • 어디에 무엇을 꽂고 싶니?

- ○○는 만들고 싶은 모양이 있니?

- 왜 한쪽으로 넘어졌을까?

- 넘어지지 않으려면 어떻게 해야할까?

4. 작품에 이름을 짓고 천정에 모빌로 전시를 한다.

- 자기가 만든 작품에 이름을 지어주자.

- 투명 카드에 쓸 수 있을까?

- 투명 카드를 스티로폼에 끼워 보자.

- 선생님이 실을 달아 천정에 매달아 볼게.

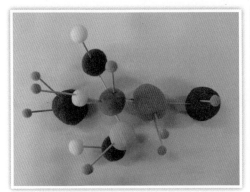

14 자연물로 염색하기

14.1 천위에 놓고 염색하기 영아 유아

주요 경험	야채와 과일은 고유의 색이 있다는 것을 경험한다. 천에 염색을 하여 본다.

활동 자료	흰색 수건, 방망이, 물을 낼 수 있는 자연물(시금치, 부추, 쑥, 귤껍질, 포도 껍질 등), 비닐, 빨래 줄, 빨래집게

[활동 방법]

1. 재료를 탐색한다.

   • 여기에 무엇이 있니?

   • 방망이로 무엇을 해 볼까?

   • 시금치, 부추, 쑥, 귤껍질, 포도가 있네, 야채와 과일 껍질들이 있구나.

   • 초록색은 어떤 것들이니?

   • 귤을 무슨 색이니?

   • 포도는 무슨 색이니?

   • 손으로 문질러보자.

   • 손이 어떻게 되었니?

   • 포도를 문지른 ○○는 보라색 물이 손에 들었네.

   • 야채와 과일 껍질에 색깔 물이 들어있구나.

2. 염색을 한다.

   • 야채와 과일로 흰색 손수건을 물들일 수 있을까?

- 어떻게 하면 가능할까?

- 손수건 위에 시금치를 올려 놓아보자.

- 방망이로 시금치를 두들겨 볼까?

- 시금치가 점점 어떻게 되었니?

- 시금치 잎 모양이 없어지고 손수건이 점점 초록색으로 물들고 있구나.

- 포도를 두들기고 있는 ○○의 손수건은 점점 보라색으로 변하고 있네.

- 색깔이 없는 쪽에 다른 야채나 과일 껍질을 놓고 두드려 보자.

- ○○손수건은 귤껍질 때문에 점점 노란색으로 변하고 있구나.

3. 빨래 줄에 걸어 전시한다.

- 손수건 위에 있는 찌꺼기를 털어 보자.

- 선생님과 함께 손수건을 집게로 집어 빨래 줄에 걸어보자.

- 선생님이 빨래 줄을 높이 올려볼게.

⚙ 참고사항

- 바닥에 물이 스며들지 않고 천에 염색이 잘 되도록 바닥에 넓은 비닐을 깔고 활동을 한다.

14.2 감물로 염색하기 _{유아}

주요 경험	• 풋 감은 고유의 색이 있다는 것을 경험한다. • 자연물을 이용하여 염색을 하여 본다.

활동 자료	흰색 천 수건, 방망이, 절구통, 풋감, 큰 그릇, 제과점 빵칼, 다리미, 물, 빨래 줄, 빨래집게, 위생 장갑

[**활동 방법**]

1. 재료를 탐색하고 감을 잘라본다.

   • 여기에 무엇이 있니?

   • 이것은 무슨 과일일까?

   • 익지 않은 감을 풋 감이라고 한단다.

   • 감을 잘라 보자, 자를 수 있을 때까지 작게 잘라 볼 수 있을까?

   • 감의 안과 겉의 색깔이 다르구나.

   • 씨앗도 들어있구나.

   • 혀를 내밀어 감의 맛을 보자.

   • 어떤 맛이니?

   • 이런 맛을 떫은맛이라고 하는데, 감에 들어 있는 이 떫은 맛 때문에 염색을 하게
     되면 감색이 나타나게 된단다.

2. 절구통에 넣어서 빻는다.

   • 절구통은 무엇을 할 때 쓰는 것일까?

   • 칼로 자른 감을 절구통에 넣어보자.

   • 모양이 없어질 때까지 빻아보자.

   • 물을 약간 넣어 섞어보자.

3. 큰 그릇에 옮겨 손수건을 담근다.

- 감물을 큰 그릇으로 옮겨 볼까?
- 손에 물이 들지 않도록 위생 장갑을 끼워보자.
- 손수건을 감물에 담가 볼까?
- 손수건에 골고루 감물이 들도록 손으로 손수건을 주물러 보자.
- 손수건이 보이지 않도록 담가보자.

4. 손수건을 빨래 줄에 건조한 후 다리미로 다린다.

- 감물에 담가 있는 손수건을 손으로 꼭 짜볼까?
- 손수건을 집게로 집어 빨래 줄에 넣어보자.

  〈말린 후〉

- 다리미로 손수건을 다릴 거예요, 그런데 왜 다리미로 다려야 할까?
- 다리미는 구겨진 곳을 펴주기도 하지만 뜨거운 열이 나서 감물이 빠지지 않게 해주는 역할도 한다.

※ 참고사항
- 물을 너무 많이 넣으면 염색이 희미해 유아들이 성취감을 덜 느끼게 된다.
- 감 이외에 쑥, 황토 등 다양한 천연 염색을 할 수 있다.

15 식빵으로 꾸미기

15.1 모양 샌드위치 만들기 영아

주요 경험	• 식빵으로 여러 가지 모양을 만들어 본다. • 같은 짝을 찾아 샌드위치를 만들어 본다.

활동 자료	• 식빵, 모양 틀, 딸기잼, 포도잼, 사과잼, 땅콩버터 등, 빵 칼, 티스푼, 쟁반, 개인 접시

[활동 방법]

1. 재료를 탐색한다.

  • 여기에 무엇이 있니?

  • 식빵이 있구나.

  • 딸기잼, 포도잼, 사과잼, 땅콩버터, 여러 종류의 잼도 있구나.

  • 식빵과 잼으로 무엇을 할 수 있을까?

  • 여러 가지 모양의 틀이 있네.

  • 별, 하트, 꽃, 동그라미 모양을 한 찍기 틀이 있네.

2. 식빵으로 모양을 만든다.

  • 식빵으로 샌드위치를 만들어보자.

  • 식빵으로 모양을 만들어 샌드위치를 만들어 볼까?

  • 선생님처럼 모양 틀로 식빵을 찍어 보자.

  • ○○는 어떤 모양을 만들고 싶니? 몇 개를 만들고 싶니?

  • ○○는 별 모양을 3개 만들었구나.

- ○○는 동그라미 모양을 5개나 만들었네.

- 빵 칼로 빵을 잘라 모양을 만들어 보자.

- 선생님은 세모를 만들고 있어요.

- ○○도 세모를 만들고 있구나.

3. 잼을 발라 샌드위치를 만든다.

- ○○는 무슨 모양을 만들었니?

- 같은 모양을 찾아볼까?

- 같은 모양을 찾은 친구는 식빵에 잼과 버터를 발라 보자.

- 같은 짝을 맞대어 샌드위치를 만들어보자.

4. 간식으로 먹는다.

15.2 식빵위에 꾸미기 유아

주요 경험	• 식빵으로 여러 가지 모양을 만들어 본다.
	• 같은 짝을 찾아 샌드위치를 만들어 본다.

활동 자료	• 식빵, 마요네즈, 반으로 쪼갠 방울토마토, 건포도, 상추, 케첩, 굵게 채 썬 노란 피망, 달걀후라이, 티스푼, 카메라

[**활동 방법**]

1. 재료를 탐색한다.

   • 여기에 무엇이 있니?

   • 이것으로 무엇을 만들 수 있을까?

2. 샌드위치를 만들어 본다.

   • 샌드위치를 먹어 본 적이 있니?

   • 샌드위치는 어떻게 생겼니?

   • 그래, 빵과 빵 사이에 야채와 과일을 넣어 만든 빵을 샌드위치라고 해.

   • ○○는 빵과 빵 사이에 무엇을 넣고 싶니?

   • ○○는 건포도로 눈을 만들었구나, 케첩으로 입을 꾸몄네.

3. 식빵위에 모양을 꾸민 후 카메라로 찍는다.

   • 식빵을 덮기전에 먹기전에 꾸민 모양을 사진으로 찍어볼까?

   • ○○가 꾸민 모양을 설명해 줄 수 있겠니?

4. 사진을 현상하여 식당 게시판에 전시한다.

   • 친구들이 만든 샌드위치의 사진을 찾아 볼 수 있겠니?

   • 샌드위치 사진을 어디에 붙여 놓으면 가장 좋을까?

   • 식당에 붙여볼까?

16 풍선으로 만들기

16.1 풍선 마라카스 만들기 유아

주요 경험	• 풍선에 한지를 붙여본다. • 풍선에 그림을 그리고 악기로 활용하여 본다.

활동 자료	• 풍선, 도배용 풀, 신문지, 한지, 곡식, 물감, 붓

[활동 방법]

1. 재료를 탐색한다.

    • 여기에 무엇이 있니?

    • 이것으로 무엇을 할 수 있을까?

    • 이것으로 무엇을 만들 수 있을까?

2. 풍선에 곡식을 넣고 불어본다.

    • 풍선으로 소리 나는 악기를 만들 수 있을까?

    • 소리 나는 악기를 만들려면 어떻게 해야할까?

    • 풍선에 곡식을 넣어보자.

    • 힘들지만 하나씩 천천히 넣어보자, 어려운 친구는 선생님과 함께 해 보자.

    • 풍선을 불어보자.

    • 커진 풍선을 묶어보자, 힘든 친구는 선생님이 도와줄게.

3. 신문지와 한지를 찢어본다.

    • 신문지를 풍선에 붙이려면 어떻게 해야 할까?

- 신문지를 찢어보자.

- 길게 찢어보자, 큰 소리가 나는구나, 누가 가장 길게 찢었을까?

- 길게 찢은 신문지를 다시 작게 찢어보자.

- 이번에는 한지도 찢어보자.

4. 신문지와 한지를 풍선에 붙인다.

- 풍선에 풀을 바르고 신문지를 붙여보자.

- 풍선이 보이지 않도록 붙여볼까?

- 풍선이 보이지 않으면 이제는 한지를 붙여보자.

- 신문지가 보이지 않도록 한지를 붙여보자.

5. 그늘에 하루 정도 말린다.

- 풍선이 어떻게 되었니?

- 딱딱해 졌구나.

- 두 손으로 잡고 흔들어보자, 소리도 나네, 무엇 때문에 소리가 날까?

- 마라카스 악기가 되었네.

6. 풍선에 그림을 그린다.

- 풍선에 무슨 그림을 그리고 싶니?

- 풍선이 움직여 그리기 힘든 친구는 선생님이 도와줄게.

7. 풍선을 활용한다.

- 풍선을 어디에 놓으면 좋을까?

- 천정에 매달아 볼까?

- 음률영역에 놓고 춤추거나 노래를 부를 때 함께 흔들면 어떻게 될까?

16.2 기구 만들기 유아

주요 경험	• 풍선에 그림을 그려본다. • 풍선을 이용하여 기구모양을 만들어본다.

활동 자료	• 풍선, 매직, 스트로우, 종이컵, 접착테이프, 기구와 관련돼 그림책 읽기

[활동 방법]

1. 기구와 관련된 그림책을 읽어준다.

2. 재료를 탐색한다.

   • 여기에 무엇이 있니?

   • 어디서 본적이 있니?

   • 이것으로 무엇을 만들 수 있을까?

3. 풍선을 불어 그림을 그린다.

   • 풍선을 불어보자.

   • 풍선이 커지면 주둥이를 묶어보자. 힘들면 선생님이 도와줄게요.

   • 한 손으로 풍선을 잡고 다른 한손으로 풍선에 그림을 그려보자.

   • 풍선이 자꾸 도망가려고 하면 선생님이 잡아 줄게요.

   • 종이에 그렸을 때와 무엇이 다르니?

4. 종이컵을 꾸미고 스트로를 붙인다.

   • 종이컵에 그림을 그려볼까?

   • 스트로를 종이컵에 붙이려면 어떻게 해야할까?

   • 선생님과 함께 붙여보자.

5. 종이컵과 풍선을 연결한다.

　　• 그림책 속의 기구처럼 만들려면 어떻게 하면 되겠니?

　　• 선생님과 함께 풍선에 스트로를 붙여보자.

　　• 무슨 모양이 되었니?

6. 기구를 전시한다.

　　• 기구를 어디에 놓으면 좋을까?

　　• 기구처럼 높은 곳에 띄워볼까?

17.1 나는 누구일까요? 영아 유아

주요 경험	• TP(OHP 용지)지에 자신의 얼굴을 그려본다. • 다양한 신체표현을 하여본다. • 친구의 얼굴을 찾아본다

활동 자료	• TP (OHP 용지) 지, 유성매직, 카메라, 가위, 투명 접착테이프

[활동 방법]

1. 재료를 탐색한다.

   • 여기에 무엇이 있니?

   • 이것으로 무엇을 할 수 있을까?

2. TP지에 얼굴을 그린다음 오린다.

   • 종이가 아닌 투명한 비닐 종이에 그림을 그릴 수 있을까?

   • 어떤 느낌이니?

   • 종이에 그렸을 때와 어떤 차이점이 있니?

   • 얼굴모습을 가위로 오려보자.

3. 사진을 찍어 프린트 한 후 오린다.

   • 나만의 특별한 모습을 만들어 움직여보자.

   • 어떤 모습으로 사진 찍을지 결정되면 정지하세요.

   • 정지된 모습을 사진 찍을 게요.

• 자신의 모습을 가위로 오려보자.

4. 얼굴 그림과 신체모습을 연결한다.

    • 자기가 그린 얼굴 모습과 신체부분을 테이프로 붙여보자.

    • 누구인지 알 수 있겠니?

    • 친구를 찾을 수 있겠니?

17.2 내 얼굴 판화 유아

주요 경험	• 우드락에 자신의 얼굴을 그려본다. • 우드락에 물감을 색칠 하여 본다. • 종이에 찍어 나타난 흔적과 우드락의 모습을 비교한다.

활동 자료	• 우드락, 물감이나 한지, 붓, 볼펜

[활동 방법]

1. 재료를 탐색한다.

   • 여기에 무엇이 있니?

   • 이것으로 무엇을 할 수 있을까?

   • 만져볼까? 느낌이 어떠니?

2. 우드락에 자신의 모습을 그린다.

   • 우드락에 그림을 그리기 위해서는 무엇으로 그릴 수 있을까?

   • 볼펜으로 힘주어 세게 그려보자.

   • 종이에 그릴 때와 어떤 점이 다르니?

   • 우드락이 어떻게 되었니?

   • 어려우면 선생님이 도와줄게.

3. 우드락에 물감이나 먹물을 바른 후 종이에 찍어본다.

   • 여기에 무엇이 있니?

   • 물감 물과 먹물이 있어.

   • 물감을 칠한 친구는 도화지에 찍어보고, 먹물을 바른 친구는 한지에 찍어보자.

4. 우드락의 그림과 종이에 찍혀진 그림을 비교해 본다.

- 우드락에 그려진 그림과 종이에 찍혀진 그림은 어떤 차이가 있니?

- 종이에 찍기 전의 그림과 찍고 난 후의 우드락의 그림이 어떻게 달라졌니?

5. 결과물을 전시한다.

- 우드락 판화는 어디에 걸어 놓으면 좋을까?

- 종이에 찍힌 그림은 어디에 놓아둘까?

17.3 내 얼굴 만들기 유아

주요 경험	• 찰흙으로 내 얼굴을 표현해 본다. • 입체적 형태로 눈, 코, 입을 만들어 표현해 본다.

활동 자료	• 데코레이션 찰흙, 지점토, 물, 스탠드 거울

[활동 방법]

1. 재료를 탐색한다.

   • 여기에 무엇이 있니?

   • 이것으로 무엇을 할 수 있을까?

   • 만져볼까? 느낌이 어떠니?

   • 이것으로 무엇을 만들어 본 적이 있니?

2. 얼굴을 탐색한다.

   • 거울에 얼굴을 비춰보자.

   • 얼굴은 어떤 모양이니?

   • 얼굴에는 무엇이 있니?

   • 눈에는 무엇이 있니 자세히 볼까?

3. 찰흙으로 얼굴을 표현한다.

   • 데코레이션 찰흙으로 얼굴모양을 만들어보자.

   • 얼굴에 눈, 코, 입, 눈썹, 머리카락을 만들어 붙이려면 얼굴을 얼마만큼의 크기로 만들면 좋을까?

   • 눈, 코, 입을 얼굴에 떨어지지 않게 붙이려면 어떻게 해야 할까?

   • 본드 대신 물을 바르면 어떻게 될까?

17.4 내 얼굴 브로치 유아

주요 경험	• 건빵에 내 얼굴을 표현해 본다. • 브로치를 만들어 착용해 본다.

활동 자료	브로치 핀, 건빵, 유성 사인펜, 글루건, 니스 또는 오공본드(물과 본드를 6:4로 섞음), 물

[활동 방법]

1. 재료를 탐색한다.

- 여기에 무엇이 있니?

- 건빵으로 무엇을 만들 수 있을까?

- 건빵을 만져보자, 꾹 눌러볼까?, 물에도 담가볼까?

2. 건빵에 그림을 그린다.

- 건빵에 그림을 그릴 수 있을까?

- 어떻게 하면 건빵이 깨지지 않게 그림을 그릴 수 있을까?

- 건빵에 내 얼굴도 그릴 수 있을까?

3. 건빵에 광택제를 바른다.

- 건빵이 물에 젖으면 어떻게 되었지?

- 녹지 않게 하는 방법이 없을까?

- 광택제를 발라 마른 후 물에 넣어보자.

- 광택제가 건빵 속으로 물이 들어가는 것을 막아주었구나.

4. 건빵에 브로치 핀을 붙인다.

- 건빵에 브로치 핀을 붙이려면 어떻게 해야 할까?

- 선생님이 핀에 글루건 본드를 발라 줄 테니 건빵에 붙일 수 있겠니?

- 건빵 핀을 어디에 달고 싶니?

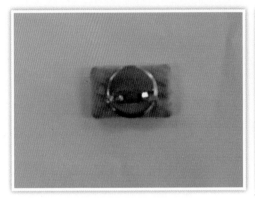 

그림책을 활용한 미술 활동

CHAPTER 3

CONTENTS

1. 빨간 끈 – 빨간 끈은 어떻게 되었을까?

2. 요셉의 작고 낡은 오버코트가 – 요셉에게 새로운 옷 만들어 주기

3. 달 사람 – 달사람 그려보기

4. 쪽빛을 찾아서 – 자연물로 염색하기

5. 검피 아저씨의 드라이브 – 선으로 그림 그리기

6. 으뜸 헤엄이 – 작은 모양으로 큰 모양 만들기

7. 나무 숲 속 – 흑 백 그림에 색깔 넣어 주기

8. 춘향전 – 점으로 그리기

9. 먹물 통에 빠진 쐐기 벌레 – 실로 모양 만들기

10. 백만 마리 고양이 – 마음에 드는 고양이 그리기

11. 세상에서 가장 유명한 미술관 – 미술관의 개

영아

⚬ 그림책 제목

빨간 끈(지은이: 마곳블레어, 그림: 크레그 콜손, 편역: 이 경우, 출판사: 아가월드)

⚬ 줄거리

서랍 속에 있던 빨간 끈이 밖으로 굴러 나오면서 줄넘기가 되고, 빨래 줄이 되고, 서커스의 줄이 되고 소포를 묶는 끈이 되었다가 계속 다양한 것으로 변해간다.

주요 경험	• 그림책의 빨간 끈이 되어 또 다른 여행을 상상하고 그려본다. • 띠벽지를 만들어 본다.

활동 자료	• 100cm×15cm길이의 종이, 그리기 도구

[활동 방법]

1. 그림책을 읽어준다.

2. 빨간 끈이 되어 그림을 그린다.

   • 그 다음에 빨간 끈은 어떻게 되었을까?

   • 빨간 끈이 된다면 빨간 끈으로 무엇을 하고 싶니?

   • 빨간 끈이 되고 싶은 것을 계속해서 그려 볼 수 있겠니?

3. 그림으로 표현된 변화과정을 말과 글로 표현해 본다.

   • 빨간 끈이 무엇이 되어 여행을 하였는지 친구들에게 이야기 해 줄 수 있겠니?

   • 그림 아래에 빨간 끈이 무엇을 하고 있는지 써 볼 수 있겠니?

   • 글로 표현하고 싶은데 어려운 친구는 선생님이 도와줄게요.

4. 띠벽지로 활용하여 전시한다.

- 이 그림을 어디에 붙이면 좋을까?

- 복도에 띠 벽지 모양으로 붙여 볼까?

- 우리 방의 띠벽지로 붙여 볼까?

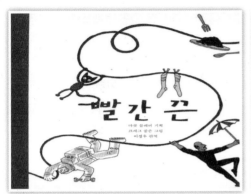

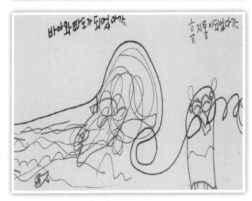
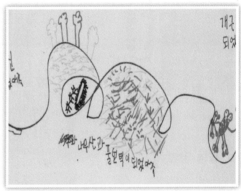
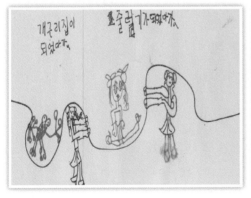
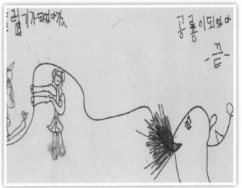

② 요셉에게 새로운 옷 만들어 주기

유아

⊛ 그림책 제목

요셉의 작고 낡은 오버코트가..?(지은이: 심스태백, 옮긴이: 김정희, 출판사 베틀북)

⊛ 줄거리

주인공 요셉에게 오버코트가 있었는데 너무 낡아 재킷으로 만들고, 입다보니 또 낡아 조끼로 만들고, 조끼가 낡아지자 다시 목도리로 만들었으며, 목도리도 낡아지자 넥타이로 만들고, 다시 손수건으로 만들었으며 마지막에는 단추를 만들었다.

주요 경험	• 요셉이 입었던 옷과 소품을 기억하여 만들어 본다. • 포장지를 다른 용도로 재활용해 본다.

활동 자료	• 사용한 포장지, 가위, 풀, 그리기 도구, 도화지

[활동 방법]

1. 그림책을 읽어준다.

2. 요셉의 코트가 변화되어 온 과정을 생각하여 기억한다.

   • 요셉이 처음 입고 있었던 옷은 무엇이었지?

   • 코트가 무엇으로 변하였지?

   • 코트와 재킷의 차이점은 무엇일까?

   • 재킷과 조끼의 차이점은 무엇일까?

   • 조끼가 무엇으로 변했니?

   • 가장 마지막으로 만들었던 것은 무엇이었지?

- 모두 몇 번 변하였니?

- 코트 · 재킷 · 조끼 · 목도리 · 손수건 · 넥타이 · 단추, 모두 여섯 번 변하였구나.

3. 포장지에 그림을 그려 가위로 오린다.

- 요셉에게 새로운 옷을 만들어 주자.

- ○○의 포장지는 꽃이 그려져 있구나.

- 요셉에게 꽃무늬가 있는 코트를 입혀줄 수 있겠네.

- 가위로 오려 도화지에 붙여보자.

- 요셉이 입어보지 않았던 다른 모양의 옷을 만들어 주면 요셉이 좋아할까?

- 요셉에게 새로운 신발을 만들어 주면 요셉이 뭐라고 할까?

4. 도화지에 붙여진 요셉의 옷과 신발의 종류에 대해 친구들에게 설명한다.

- 요셉을 위해 만든 옷의 종류와 이름을 말해 줄 수 있니?

- ○○는 요셉에게 어떤 옷을 가장 먼저 입혀주고 싶니?

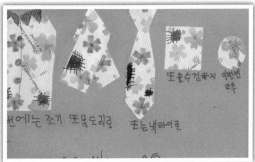

③ 달사람 그려보기

유아

⊞ 그림책 제목

달사람(지은이: 토미 웅거러, 옮긴이: 김정하, 출판사: 비룡소)

⊞ 줄거리

달 속에 몸을 웅크리고 앉아 있는 달 사람은 지구 사람들이 부러워 별똥별의 꼬리를 잡고 지구로 내려왔다. 동물과 사람들은 달 사람을 보고 모두 놀랐으며, 그래서 달 사람을 잡아 감옥에 가두었다. 꿈이 무산되자 달 사람은 감옥에서 탈출하기로 한다. 다행이도 보름달 이였던 달 사람의 몸은 점점 작아져 그믐달이 되어 쇠창살틈으로 빠져 나갈 수 있었다. 며칠이 지난 후 달 사람은 다시 초승달, 보름달의 크기로 돌아와 세상을 구경을 한 후 우주선을 만드는 과학자를 만나 우주선을 타고 달나라로 다시 돌아가게 된다.

주요 경험	• 달 사람의 얼굴이 계속 변화하는 이유를 생각해 본다. • 달 사람의 얼굴이 변하면서 생기는 모습을 그려본다.

활동 자료	• 보름달에서 초승달이 되어 가는 여러 가지 달의 모양, 도화지, 그리기 도구, 가위, 풀

[**활동 방법**]

1. 그림책을 읽어준다.

2. 달 사람이 감옥에서 나올 수 있었던 방법에 대해 이야기 한다.

   • 달 사람이 어떻게 감옥에서 나올 수 있었지?

   • 전에는 왜 나오지 못했을까?

   • 며칠이 지나면 달 사람은 어떻게 되었을까?

• 왜 달 사람의 몸은 시간이 지남에 따라 계속 변할까?

3. 여러 종류의 달 모양에 그림을 그린다.

  • 알고 있는 달의 모양이 있니?

  • 달의 이름을 말 할 수 있겠니?

  • 달 모양에 달 사람을 그려볼까?

  • 어떤 모양의 달에 그렸을 때 달 사람이 가장 컸니?

  • 어떤 모양의 달 사람이 가장 날씬하니?

4. 달 사람을 오려 도화지에 붙인다.

  • 보름달을 찾아볼까? 도화지 가운데에 붙여보자.

  • 보름달이 시간이 점점 지나면서 어떻게 되었지? 순서대로 붙여볼까?

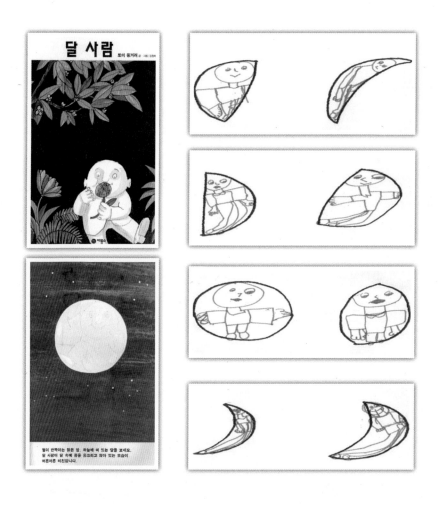

4 자연물로 염색하기

유아

⊛ 그림책 제목

쪽빛을 찾아서(글과 그림: 유애로, 출판사: 보림)

⊛ 줄거리

물 장이라는 옷감을 곱게 물들이는 아저씨는 하늘빛과 바다 빛을 내는 물감을 만들고 싶었다. 그러다가 옛날에는 푸른빛을 쪽빛이라고 불렀으며, 쪽 풀로 만든다는 사실을 알게 되었다. 한 농부에게 쪽 풀 씨앗 한줌을 얻은 뒤 씨앗을 땅에 심어 기르게 되었다. 항아리에 쪽 풀을 넣고 일주일 후 물 에 조개껍질을 구워 만든 가루를 넣어 저은 뒤 한 달 쯤 뒤에 파란 쪽물이 만들어지게 되었다.

주요 경험	• 주위의 풀과 야채, 과일은 고유의 색이 있음을 경험한다. • 자연 물로 천에 염색을 하여 본다.

활동 자료	• 흰색 천수건, 방망이, 절구통, 생 쑥, 큰 그릇, 다리미, 물, 빨래 줄, 빨래집게, 위생 장갑

[활동 방법]

1. 그림책을 읽어준다.

2. 유아와 함께 봄 동산에서 쑥을 캐 온다.

3. 재료를 탐색한 후 씻는다.

   • 쑥 냄새를 맡아 볼까?

   • 어떤 맛이 날까?

- 쑥으로 만들 수 있는 음식은 무엇이 있을까?

- 쑥으로 떡을 만들면 떡의 색깔은 무슨 색이니?

- 왜 그런 색이 날까?

- 선생님과 함께 수돗가에서 쑥에 묻은 찌꺼기가 없도록 씻어 보자

4. 절구통에 넣어서 빻는다.

- 쑥에서 쑥물이 나오게 하려면 어떻게 해야 할까?

- 절구통은 무엇을 할 때 쓰는 것일까?

- 쑥을 절구통에 넣어 보자.

- 모양이 없어질 때까지 빻아 보자.

- 물을 약간 넣어 섞어 보자.

5. 큰 그릇에 옮겨 손수건을 담근다.

- 쑥물을 큰 그릇으로 옮겨 볼까?

- 손에 물이 들지 않도록 위생 장갑을 끼워보자.

- 손수건을 쑥물에 담가 볼까?

- 손수건에 골고루 쑥물이 들도록 손으로 손수건을 주물러 보자.

- 손수건이 보이지 않도록 담가보자.

6. 손수건을 빨래 줄에 건조한 후 다리미로 다린다.

- 쑥물에 담가 있는 손수건을 손으로 꼭 짜 볼까?

- 손수건을 집게로 집어 빨래 줄에 넣어 보자.

    〈말린 후〉

- 다리미로 손수건을 다릴 거예요, 그런데 왜 다리미로 다려야 할까?

- 다리미는 구겨진 곳을 펴 주기도 하지만 뜨거운 열이 나서 쑥물이 쉽게 빠지지 않게 해주는 역할도 한다.

참고사항

• 물을 너무 많이 넣으면 염색이 희미해 유아들이 성취감을 덜 느끼게 된다.

• 쑥 이외에 감, 황토, 야채(시금치, 상추, 호박, 봉숭아, 양파 껍질, 보라색 양배추) 등 다양한 천연 염색을 할 수 있다.

포도로 물들인 수건

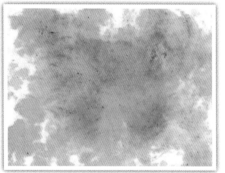

시금치로 물들인 수건

5 선으로 그림 그리기

⊛ 그림책 제목

검피아저씨의 드라이브(글과 그림: 존 버닝햄, 옮김이: 이주령, 출판사: 시공사)

⊛ 줄거리

검피 아저씨가 자동차를 타고 드라이브를 하려고 하는데 가는 도중 동네 꼬마, 토끼, 고양이, 개, 돼지, 양, 닭, 송아지, 염소를 만나 모두 차를 함께 타고 드라이브를 따라가기를 원한다. 모두 태우고 가는데 비가 와 땅이 젖어 자동차가 흙탕물에 빠지게 되었지만 모두 힘을 모아 다시 흙탕물에서 나온 뒤 드라이브를 한다.

주요 경험	• 그림책에 등장한 동물들을 기억하여 본다. • 동물들을 그린 방법에 대해 관찰하고 선으로 그림을 색칠하여 본다.

활동 자료	• 사인펜, 도화지

[활동 방법]

1. 그림책을 읽어준다.

2. 그림책의 그림을 관찰한다.

   • 그림을 그린 사람이 누구인지 그림책에서 찾아보자.

   • 존 버닝햄 이라는 사람이 글도 쓰고 그림도 그렸구나.

   • 이 책의 그림과 다른 책의 그림의 차이를 찾아볼 수 있겠니?

   • 선으로 색을 칠할 수 도 있구나.

3. 선으로 그림을 그린다.

- 그림책에 나온 동물들을 말 해 볼 수 있겠니?
- 가장 무거운 동물은 누구일까?
- 가장 가벼운 동물을 누구일까?
- 가장 작은 동물을 누구였니?
- 그림책에 나온 동물들을 그려볼 수 있겠니?
- 존 버닝햄 아저씨처럼 선으로 색칠 할 수 있겠니?

6 작은 모양으로 큰 모양 만들기

⊛ 그림책 제목

으뜸 헤엄이(글과 그림 : 레오 리오니, 옮긴이: 이명희, 출판사: 마루벌)

⊛ 줄거리

바다 속 많은 물고기들은 모두 빨간색인데 한 마리만 홍합 껍데기처럼 까만 '으뜸 헤엄이'이었다. 어느 날 무섭고 날쌘 다랑어 한 마리가 빨간 물고기 떼를 한입에 삼켜 버렸다. 무서워 숨어 있던 으뜸 헤엄 이는 바다 속 물고기들이 함께 모여 가장 큰 물고기가 되어 헤엄치기로 하였다. 까만 으뜸 헤엄 이는 물고기의 눈이 되어 바다 속을 행복하고 안전하게 헤엄치며 살게 되었다.

주요 경험	• 아주 작은 종이에 아주 작은 그림을 그려본다. • 같은 모양의 작은 그림을 모와 같은 모양의 큰 그림을 만들어 본다.

활동 자료	• 5cm×5cm의 작은 종이(유아 1인당 2–3개), 큰 물고기가 그려진 도화지, 사인펜, 풀

[활동 방법]

1. 그림책을 읽어준다.

2. 그림책의 내용을 이야기 한다.

   • 으뜸 헤엄이의 걱정은 무엇이었나요?

   • 어떻게 해결하기로 하였나요?

   • 으뜸 헤엄이의 생각을 친구들은 어떻게 생각하나요?

3. 으뜸 헤엄 이와 같은 작은 물고기를 그려본다.

- 이렇게 작은 종이에 그림을 그려 본 적이 있니?

- 이렇게 작은 종이에 그림을 그리려면 무엇으로 그리면 좋을까?

- 으뜸 헤엄 이와 같은 작은 종이에 작은 물고기를 그려보자.

- 작은 종이에 그림을 그릴 때 불편한 점이 있었니?

- 편리한 점은 없었니?

4. 작은 물고기 그림을 큰 물고기 안에 붙인다.

- 물고기를 큰 물고기 안에 붙여 보자.

- 빈 곳이 없도록 붙여 보자.

5. 다양한 거리에서 그림을 감상한다.

- 아주 많은 작은 물고기가 모여 큰 물고기가 되었구나.

- 그림과 멀리 떨어져서 그림을 볼까?

- 그림이 어떻게 보이니?

- 그림 가까이서 볼 때와 어떤 차이점이 있니?

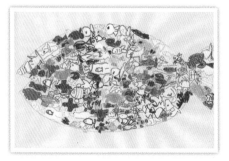

7 흑 백 그림에 색깔 넣어 주기

유아

⊞ 그림책 제목

나무 숲 속(글과 그림: 매리 홈 엣츠, 출판사: 한림출판사)

⊞ 줄거리

한 소녀가 종이 모자를 쓰고 나팔을 불며 숲속을 산책하고 있었다. 그러자 낮잠을 자고 있던 사자, 물장난을 치고 있던 아기 코끼리, 땅콩의 수를 세고 있던 곰, 뛰는 방법을 배우고 있는 캥거루, 연못가에 웅크리고 있는 황새, 높은 나무 위에서 놀고 있는 원숭이, 커다란 나무 그늘 아래에 있는 토끼가 모두 소녀를 따라 함께 산책을 하며 재미있게 놀이를 하며 지내다가 소녀가 술래가 되어 술래잡기를 하고 있는데 눈을 떠 보니 동물들은 다 사라지고 아빠가 나타났다. 동물들에게 다시 올 것을 약속하며 숲 속을 떠난다.

주요 경험	• 흑 백 그림에 색깔을 넣어준다. • 그려진 그림에 이야기 꾸미기를 하여본다.

활동 자료	• 글이 지워진 나무 숲속 그림책 복사 본, 파스텔, 사인펜

[활동 방법]

1. 그림책을 읽어준다.

2. 그림책의 내용을 이야기 한다.

  • 남자 친구와 함께 놀았던 동물들을 기억할 수 있겠니?

  • 캥거루는 무엇을 하고 있었지?

  • 곰은 무엇을 하고 있었지?

- 여기에 그려진 그림은 다른 그림책과 어떤 차이점이 있니?

- 검정색과 흰색으로만 그림을 그렸구나.

3. 복사된 그림에 색칠을 한다.

- 파스텔로 그림을 그려본 친구 있니?

- 파스텔은 크레파스와 색연필처럼 힘을 주어 그리면 부러지기 쉬우므로 옆으로 뉘어서 색을 칠한단다.

- 파스텔로 색을 칠한 다음에 화장지로 문질러 주면 짧은 시간에 많은 곳을 색칠할 수 있단다.

- 선생님이 친구들에게 그림책에 있던 그림을 나눠 줄 거예요. 방금 전에 선생님이 읽어 주었던 내용을 생각하며 그림에 색을 칠하고 이야기를 써 볼 수 있을까? (36장 이므로 유아 1인당 2-3장씩 나누어 준다.)

- 이야기 쓰기가 힘든 친구는 선생님이 써 줄게요.

- ○○는 코끼리를 무슨 색으로 칠하고 싶니?

4. 새로 꾸며진 이야기 내용을 책으로 묶어 도서 영역에 제시한다.

나무에게 어린이가 아름다
운 말을들어주요

잔깐! 나도쫄래 기달려요
그래 그러어니 사 자 가
빗 의로 머 리를 빗었어요

고끼리가 산K 코끼리가물쓴수늘하고기세요

물에 점은 곰이 중기쿠와 땅을 샐을 가지유요

야영키차놀이 참 재미있다
둥둥둥 대룬으열어라앙 남남
남여물을열어 라 열두시가
돼 면은문을 단논때다

8 점으로 그리기

❈ 그림책 제목

춘향전(그림: 권아현, 만든 곳: 한국몬테소리)

❈ 줄거리

전라도 남원에 춘향이와 몽룡이 살고 있었는데 몽룡이가 춘향이를 좋아하게 되었다. 그런데 몽룡이는 서울로 이사 가게 되고 춘향이와 헤어지게 되었다. 결혼을 하기로 약속하고 과거에 급제하여 춘향이를 데리러 오겠다는 약속을 하고 두 사람은 헤어졌다. 춘향이를 여러 사람이 괴롭혔지만 몽룡이와 약속을 지키기 위해 참고 기다린 어느 날 몽룡이 나타나 행복하게 살게 되었다.

주요 경험	• 그림책 그림의 특성에 대해 이야기한다.
	• 점으로 그림의 색을 칠해 본다.

활동 자료	• 1그룹 : 도화지, 굵은 사인펜 2그룹 : 촛불, 캔버스지, 사포, 크레파스

[활동 방법]

1. 그림책을 읽어 준다.

2. 그림책의 그림을 관찰한다.

• 그림을 자세히 보자.

• 다른 그림책의 그림과 무엇이 다르니?

• 어떻게 그림의 색을 칠 한 것 같니?

• 칠하지 않고 점으로 색을 칠하기도 하는구나.

• 우리도 점으로 그림을 그려볼까?

3. 점으로 그림을 그린다.

• 그림을 그린 다음에 점을 찍으면서 색을 칠해 보자.

• 점으로 찍으면서 그림을 그리니 어떤 느낌이니?

• 불편한 점이 있니?

• 좋은 점은 어떤 것이니?

4. 그림을 감상한다.

• 벽에 그림을 붙이고, 가까이서 본 다음, 멀리 가서 그림을 보자.

• 어떤 차이점이 있니?

❀ 참고사항

• 한 그룹은 도화지에 사인펜으로 다른 그룹은 촛불에 크레파스를 녹여 캔버스지 또는 사포에 점으로 그림을 그린다.

9 실로 모양 만들기

⊛ 그림책 제목

먹물 통에 빠진 쐐기 벌레(그림 : 차정인, 글 : 보리, 만든 곳 : 웅진출판사)

⊛ 줄거리

쐐기 벌레 한 마리가 먹물 통에 빠졌다가 다시 나와 도망가면서 지나간 흔적이 먹물에 의해 여러 가지 모양으로 그려진다.

주요 경험	• 실로 여러 모양을 만들어 본다.

활동 자료	• 큰 도화지, 검정 털실, 물풀, 가위

[활동 방법]

1. 그림책을 읽어 준다.

2. 쐐기 벌레가 지나가면서 나타내는 흔적의 모양을 몸으로 표현해 본다.

   • 먹물 통에서 나온 쐐기 벌레가 어떤 모양을 그리면서 도망갔지?

   • 쐐기 벌레가 되어 몸으로 표현해 볼까?

   • 쐐기 벌레가 창문을 넘어 도망가네.

   • 쐐기 벌레가 한 바퀴 빙그르르 돌면서 도망가네.

3. 털실로 다양한 모양을 만든다.

   • 도화지에 실을 붙이려면 어떻게 해야 할까?

   • 친구들이 원하는 만큼의 실의 길이를 잘라 보자.

- 무슨 모양을 만들고 싶니?

- 종이에 풀칠을 한 다음 실로 모양을 만들어 붙여보자.

- 쐐기 벌레가 지나가면서 그린 모습과 비슷하게 되었네.

4. 털실로 만든 다양한 모양을 몸으로 표현해 본다.

- ○○가 만든 실의 모양대로 몸을 움직여 표현해 볼 수 있겠니.

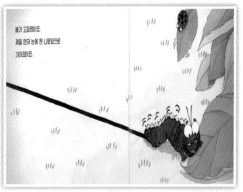
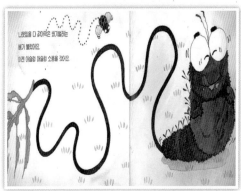
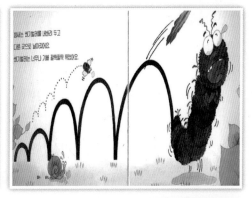

10 마음에 드는 고양이 그리기

❈ 그림책 제목

백만 마리 고양이 (그림 : 완다 가그, 글 : 완다 가그, 만든 곳 : 시공 주니어)

❈ 줄거리

주요 경험	• 그림책 속의 고양이를 그려본다. • 고양이 산을 만들어 본다.

활동 자료	• 도화지, 그리기 도구, 나무젓가락, 접착테이프

[**활동 방법**]

1. 그림책을 읽어 준다.

2. 그림책 속의 고양이들에 대해 이야기한다.

   • 할아버지가 고른 고양이들은 어떤 모습의 고양이었니?

   • 가장 마음에 드는 고양이는 어떤 고양이니?

   • 친구들 집에 데리고 가서 키우고 싶은 고양이는 어떤 고양이니?

3. 고양이 산과 고양이를 그려본다.

   • 할아버지가 고른 고양이의 모양과 이름을 말해볼까? (하얀 고양이, 하얀 몸통에 까만 반점이 있는 고양이, 털이 보들보들한 회색 새끼고양이, 까만 새끼고양이, 갈색 무늬가 있는 고양이)

   • ○○는 어떤 고양이를 그리고 있니?

4. 유치원 밖의 정원이나 잔디밭에 고양이 산을 만든다.

- 고양이를 오린 후 고양이가 서 있을 수 있도록 나무젓가락을 붙여보자.

- 밖으로 나가 잔디밭에 고양이를 세워볼까?

- 그림책처럼 고양이 산이 되었구나.

그러다 싸움이 벌어지고 말았어요.

23

문 밖에 나와서 할아버지를 기다리던 할머니는 고양이들이 줄줄이
뒤따라오는 광경을 보고 소리를 질렀어요.
"영감! 도대체 무슨 일이에요? 고양이 한 마리만 있으면 됐는데,
이게 다 뭐예요?"

20

할아버지가 말했어요.
"그래, 알았다. 여기 물이 아주 많구나."
그런데 고양이들이 저마다 한 모금씩 물을 마시자, 연못이 바짝
말라 버리고 말았어요!

17

11 개들의 동산

유아

⌘ 그림책 제목

세상에서 가장 유명한 미술관(그림 : 알랜 컬리스 · 마크 버제스, 글 : 메리디스 후퍼, 만든 곳 : 국민서관)

⌘ 줄거리

조르쥬 쇠가라 그린 '미역 감는 사람들'의 그림에는 귀가 축 늘어진 밝은 갈색 개, 프랑소아 위베르 두르에가 그린 '퐁파두르 부인'이라는 그림에는 꼬리가 올라간 까만 개, 토마스 게인 즈버러가 그린 '앤드류 부부'라는 그림에는 코가 흰 갈색 사냥개, dis 반 아이크가 그린 '지오 바니 아놀피니와 지오바니 세나미 부부의 초상화'의 그림에는 작고 털이 많은 개가 그려져 있다. 미술관에 그려진 그림 속의 개들이 피티가 있는 밤에 그림 밖으로 나와 놀다가 자신의 그림 속으로 들어가지 못하고 다른 그림으로 들어가게 되어 바뀐 그림들을 보기 위해 사람들이 미술관으로 몰려들었다는 이야기가 그려진다.

주요 경험	• 그림 속에 등장한 다양한 개들을 살펴보고 그려본다.

활동 자료	• 큰 도화지, 작은 도화지, 풀, 가위, 그리기 도구

[활동 방법]

1. 그림책을 읽어 준다.

2. 그림 속에 등장한 개의 모습을 살펴본다.

   • 조르쥬 쇠가라 그린 '미역 감는 사람들'의 그림에 있는 개는 귀가 어떤 모습이니? 무슨 색깔이니?

   • 귀가 축 늘어진 밝은 갈색의 모습을 하고 있구나.

- 프랑소아 위베르 두르에가 그린 '퐁파두르 부인'의 그림에 있는 개는 꼬리를 어떻게 하고 있니?
- 색깔은 무슨 색이니?
- 꼬리가 올라간 까만 개구나.
- 토마스 게인즈버러가 그린 '앤드류 부부'라는 그림 속의 개는 무슨 색이니?
- 코는 무슨 색이니?
- 코가 흰 갈색의 사냥 개 이구나.
- 얀 반 아이크가 그린 '부부의 초상화'의 그림에는 작고 털이 많은 개가 그려져 있구나.

3. 그림 속에 등장한 개를 그려본다.
  - 그림 속에 있는 개중에서 가장 마음에 드는 개는 어떤 개니?
  - 모두 몇 마리의 개가 나왔니?
  - 그림 속의 개를 그린다면 어떤 개를 그리고 싶니?

4. 그려진 개를 오려 전지에 붙인다.
  - 그린 개가 어떤 그림에 있던 개였는지 그림을 찾아볼 수 있겠니?
  - 가위로 개를 오려볼까?
  - 개들이 모두 모여 놀 수 있도록 큰 종이에 붙여보자.

명화를 활용한 미술 활동

CHAPTER 4

CONTENTS

1. 씨름 (김홍도)—씨름장 그리기
2. 빨강, 노랑, 파랑 컴포지션(피에트 몬드리안)—몬드리안처럼 그리기
3. 노란 스웨터의 잔느(모딜리아니)—목이 긴 사람
4. 미인도(신윤복)—미인의 한복에 색깔 넣어주기
5. 춤(마티스)—춤추는 사람들의 운동
6. 찰스 4세의 가족(고야)—우리친척 소개하기
7. 공작(그레고리우스 시다르타 수기요)—공작 색칠하기
8. 초충도(신사임당) —그림에 등장한 곤충 그려보기
9. 절규(뭉크)—감정 그림 그리기
10. 홍백매도(장승업)— 먹물로 그려보기
11. 자화상(윤두서)—자기 모습 그려보기

1 씨름장 그리기

유아

❀ 명화 제목

씨름 (김홍도)

주요 경험	• 김홍도의 씨름 그림을 감상하며 선조들의 씨름 문화를 경험한다. • 김홍도의 씨름 그림을 활용하여 현대의 씨름장 모습을 그려본다.

활동 자료	• 김홍도의 씨름 그림, 김홍도의 씨름 그림 복사본(유아 1인당 1장), 8절 도화지, 색모래, 가위, 풀, 그리기 도구

[활동 방법]

1. 그림을 보고 이야기 나누기를 한다.

T　무엇을 하는 그림인 것 같니?

C　씨름이요

T　무엇을 보고 알 수 있었어?

C　여기 씨름을 하고 있잖아요.

T　지금 사람들하고 무엇이 다르니?

C　옷도 다르고, 모자도 다르고, 의자에 안 앉아 있어요

T　지금은 어떤 계절일까?

C　여름인가?

T　어떻게 해서 여름이지 알았어?

C　여기 부채

T　씨름을 어디에서 하는 거지?

C 씨름판

T 씨름판에는 무엇이 있지?

C 모래

T 그런데 여기에 모래가 있니?

C 없어요.

T 모래는 선수들이 넘어졌을 때 다치지 않게 하려고 있는 것 인데, 여기서 씨름 하는 사람들을 위험 할 수도 있겠다.

T 우리 여기에 모래판도 만들어주고 이 사람들이 무슨 생각을 하면서 씨름을 구경하는지 써 볼 수 있을까?

2. 그림 복사 본을 활용하여 씨름장을 구성한다.

- 김홍도의 씨름 그림을 활용하여 도화지에 씨름장을 만들려면 어떻게 해야 할까?

- 씨름은 어디서 하지?

- 씨름장 안에 있는 것은 무엇이지?

- 씨름장 안을 무엇으로 꾸미면 가장 좋을까?

- 씨름할 때 씨름 선수 이외에 또 어떤 사람들이 있지?

- 김홍도의 씨름 그림을 오려 도화지에 붙이면서 활용해 볼까?

- 너희들이 여기에 있는 사람들이라면 어떤 말을 하면서 씨름을 구경할 것 같니?

- 써 볼 수 있겠니?, 어려운 친구는 선생님이 도와줄게

씨름(김홍도)

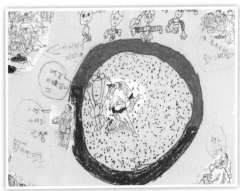

씨름장

2 몬드리안처럼 그리기

유아

❀ 명화 제목

빨강, 노랑, 파랑 컴포지션(피에트 몬드리안)

주요 경험	• 피에트 몬드리안의 빨강, 노랑, 파랑 컴포지션 그림을 감상한다. • 색종이를 이용하여 몬드리안 풍의 그림을 만들어 본다.

활동 자료	• 피에트 몬드리안의 빨강, 노랑, 파랑 컴포지션 그림, 색종이, 가위, 풀, 도화지

[활동 방법]

1. 그림을 보고 이야기 나누기를 한다.

T   이것은 무엇을 나타내는 그림일까?

C   텔레비전에서 본 것과 비슷해요.

T   텔레비전에서 프로그램 시작하기 전에 나오는 그림 말이니?

C   예, 아무것도 안하고 이것만 나오는 거요.

T   그래 정말 비슷하구나

T   이것은 몬드리안 이라는 사람이 그린 그림인데, 제목이 빨강, 노랑, 파랑이래, 여기에 있는 그림에 무슨 색이 들어있니?

C   노랑, 파랑, 흰색, 검정

T   그런데 이 사람은 왜 제목을 빨강, 노랑, 파랑이라고 했을까?

C   그리는 사람 마음이니까요, 제목을 잘못 지었어요, 흰색이라고 해야하는데 깜박 잊어버리고 빨강이라고 했어요.

T   여기에 어떤 모양이 들어있니?

C   네모요.

T   그래 크고 작은 여러 개의 네모들이 많이 모였구나, 모두 몇 개의 네모가 있는지 세워 볼까?

C   일곱 개요.

T   가장 큰 네모는? 가장 작은 네모는?

T   이 그림을 이용해서 무엇을 만들면 가장 어울릴까?

C   네모나라요. 네모를 이용해서 만들어요.

T   그럼 색종이로 몬드리안처럼 우리도 화가가 되어 볼까?

2. 색종이로 몬드리안 풍의 그림을 그리면서 몬드리안의 빨강, 노랑, 파랑 컴포지션 그림을
   이해한다.

   • 색종이를 이용해 몬드리안 그림처럼 만들어 볼까?

   • 어떤 색의 색종이로 만들거니?

   • ○○는 모두 몇 가지의 색을 사용했니?

   • 몬드리안은 노랑, 파랑, 흰색, 검정색 모두 네 가지 색을 사용했는데 ○○는 다섯
     가지 색을 사용하고 싶구나

   • ○○가 만든 그림에서 네모가 모두 몇 개인지 세워볼까?

3. 각자의 작품에 이름을 정해본다.

   • 몬드리안은 빨강, 노랑, 파랑 컴포지션이라고 제목을 붙였는데 ○○가 만든 작품
     에도 제목을 정해보자

   • 정현진의 하얀, 노랑, 파랑, 홍매 색으로 정한 이유가 있니?

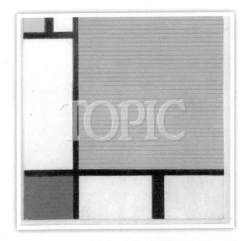
몬드리안 피엔트의 빨강, 노랑, 파랑

정현진의 하얀, 노랑, 파랑, 홍매색

3 목이 긴 사람

유아

⊛ 명화 제목

노란 스웨터의 잔느(모딜리아니)

주요 경험	• 모딜리아니의 노란 스웨터의 잔느의 그림을 감상한다. • 신체의 부분을 변화시켜 그림을 그려본다. • 모델(선생님)의 지시에 따라 선생님을 그려본다.

활동 자료	• 모딜리아니의 노란 스웨터의 잔느 그림, 긴 도화지(도화지를 세로로 잘라 위아래로 연결), 그리기 도구, 색종이, 가위, 풀, 기타 장식 및 꾸밀 수 있는 다양한 도구 및 재료

[활동 방법]

1. 그림을 보고 이야기 나누기를 한다.

T 이 그림의 제목은 무엇일 것 같니?

C 여자요, 얼굴이 긴 여자요

T 무슨 색의 옷을 입고 있니?

C 주황색, 굴색, 노란색이요

T 그래, 그림에서 보듯이 이 그림의 제목을 모딜리아니는 "노란 스웨터의 잔   느"라고 지었단다. 그럼 이 사람의 이름은 무엇일까?

C 잔느요

T 어떻게 알았어?

C 제목에 여자 이름이 있잖아요

T 그래 제목을 보니 "잔느" 인가 보다.

T   이 그림은 다른 사람의 그림과 어떤 점이 다르니?

C   얼굴이 길어요, 목이 길어요, 몸도 길어요.

T   그림 속의 이 사람은 진짜 목과 얼굴이 길게 생겼을까?

C   아니요, 그런 사람은 없을 것 같아요, 본 적이 없어요.

T   그럼 모딜리아니는 왜 사람을 길게 그렸을까?

C   재미있으라고요, 이 사람이 그렇게 그려달라고 해서요.

T   모딜리아니라는 화가는 왜 이 여자 그림을 그리고 싶었을까?

C   부인인가 봐요, 사랑하는 사람인가 봐요, 엄마 일 수도 있어요.

T   그림 속의 이 사람은 무슨 생각을 하고 있는 것 같니?

2. 긴 종이에 사람(선생님)을 그린다.

- 우리도 모딜리아니처럼 사람을 길게 그릴 수 있을까?

- 여기 선생님이 그림을 그릴 종이를 준비했는데 다른 때와 어떻게 다르니?

- 이 긴 종이에 사람 그림을 그릴 수 있겠니?

- 오늘은 선생님이 모델이 되어볼까?

- 그런데 선생님이 되고 싶은, 하고 싶은 데로 그려 줄 수 있겠니?

3. 선생님의 지시에 따라 그림을 그린다.

- 선생님은 키가 작아서 항상 키가 큰 사람이 부러웠어요. 너희 들이 선생님을 키가 큰 모델로 만들어 줄 수 있겠니?

- 선생님은 분홍색 립스틱을 바르고 싶어요.

- 선생님은 파란색 원피스를 입고 싶은데.

- 선생님은 머리를 초록색으로 물들이고 싶어요.

- 선생님은 아주 멋있는 목걸이도 차고 싶어요.

- 하트 모양의 귀걸이도 차고 싶어요.

- 아주 높은 유리 구두를 신고 싶은데…

노란스웨터의잔느(모딜리아니)

모딜리아니처럼그리기

유아

✿ 명화 제목

미인도(신윤복)

주요 경험	• 신윤복의 미인도 그림 감상을 통해 옛날 선조들의 생활문화에 대해 생각한다. • 흑백으로 그려진 그림에 색깔을 넣어본다.

활동 자료	• 신윤복의 미인도 그림, 미인도 복사 본(유아 1인당 1장), 그리기 도구, 레오나르도 다빈치의 모나리자, 모딜리아니의 노란 스웨터의 쟌느 그림

[활동 방법]

1. 그림을 보고 이야기 나누기를 한다.

T 먼저 보았던 그림(레오나르도 다빈치의 모나리자, 모딜리아니의 노란 스웨터의 쟌느) 그림과 어떤 점이 다르니?

C 이것은 우리나라 옛날 사람이고요, 그것은 다른 나라 그림 이예요.

T 또 어떤 점이 다르니?

C 이 그림은 색깔이 없어요. 뭐라고 쓰여 있어요.

T 그래, 이 그림은 옛날 우리나라 사람들이 그린 그림인데, 신윤복이라는 사람이 그렸고, 제목을 미인도라고 해

C 에이, 이 사람이 미인 이예요?

T 응 옛날에는 이렇게 생긴 사람을 미인이라고 했나봐.

C 그런데 왜 다른 색을 안 그렸어요?

T 옛날에는 많은 색깔의 물감이나 크레파스, 색연필이 없었어. 색깔을 만들 수도 있었지만 너무 힘들어서 검정색을 먹을 갈아서 쉽게 만들 수 있기 때문에 검정색으로 그림을 많이 그렸어.

T 우리가 이 그림 위에 여러 가지 색깔을 넣어 주면 어떨까?

T   이 그림을 너희들이 원하는 미인으로 만들어 보면 되겠다.

2. 미인도를 꾸며본다.

- 신윤복이 그린 미인도의 그림을 어떻게 꾸며주고 싶니?

- ○○는 미인이 입고 있는 한복에 색깔을 칠해 주었구나.

- ○○는 미인의 귀에 귀걸이를 달아 주었네.

- ○○가 그린 미인은 높은 구두를 신었구나, 한복을 입고 높은 구두를 신었네.

- 이 그림에 다른 제목을 붙여준다면 어떤 제목이 어울릴까?

미인도(신윤복)

미인도 꾸미기

5 춤추는 사람들의 운동

유아

⊞ **명화 제목**

춤(마티스)

주요 경험	• 마티스의 춤 그림을 감상한다. • 그림 속의 사람 모양을 활용하여 운동 장면을 구성하여 본다.

활동 자료	• 마티스의 춤 그림, 마티스의 춤 그림을 확대 복사 한 후 오린 사람 모양, 도화지, 풀, 그리기 도구, 음악

[활동 방법]

1. 그림을 보고 이야기 나누기를 한다.

T   이 그림의 제목은 무엇일 것 같니?

C   옷을 안 입은 사람들, 동그랗게 서 있는 사람들, 운동하는 사람들.

T   이 그림은 마티스라는 화가가 그린 "춤"이라는 제목을 가지고 있는 그림이야. 춤추는 사람들을 그렸나봐.

T   이 그림에 사용된 색깔은 몇 가지이니?

C   주황색, 초록색, 파랑색, 검정색이요.

T   그래, 네 가지 색만을 사용했는데도 유명한 그림이 될 수 있구나.

T   모두 몇 사람이니?

C   다섯 사람이예요.

T   선생님이 그림의 사람을 가리키면 그 사람처럼 모습을 만들어보자.

T   이번에는 그림 속의 사람들처럼 5명이 손을 잡고 서 볼까?

T   음악에 맞춰 춤을 추다가 음악이 멈추면 사람들처럼 다양한 모습으로 멈춰 보자.

2. 복사 본 그림을 활용하여 꾸며본다.

- 다섯 명의 사람 모습으로 무엇을 할 것인지 생각하여 보자.
- 선생님은 이 사람들을 종이에 눕혀 붙인 다음 수영장을 그려서 수영하는 모습을 만들어 보아야지.
- ○○는 농구대를 만들어서 농구하는 사람들로 만들었구나.
- ○○는 골대도 있고, 축구공도 있는 걸 보니 축구장에서 뛰는 사람으로 만들었구나.

춤(마티스)

6 우리친척 소개하기

⊞ 명화 제목

찰스 4세의 가족(고야)

주요 경험	고야의 찰스 4세의 가족 그림을 감상한다. 친척에 대해 이야기 한 후 그림을 그려 세워본다.
활동 자료	고야의 찰스 4세의 가족 그림, 도화지, 그리기 도구, 가위, 나무젓가락, 오아시스나 스티로폼(각각의 유아 한 명의 가족을 꼽을 수 있는 입체형), 투명 테이프

[활동 방법]

1. 그림을 보고 이야기 나누기를 한다.

T   그림을 그린 고야라는 화가는 무엇을 그리고 싶었을까?

C   많은 사람들이요, 사진을 찍기 위해서 서있는 사람들이요,

T   이 그림의 제목이 "찰스 4세의 가족" 인 것을 보면 가족을 그린 초상화 그림인가 봐요, 우리나라 세종대왕처럼 찰스 4세는 프랑스의 옛날 왕의 이름 이예요,

T   그럼 찰스 4세의 가족의 수는 모두 몇 명일까? 선생님과 함께 세워보자,

C   14명이요,

T   남자와 여자를 나누어 세워 볼까?

C   5명인 것 같은데, 아기는 남자인지 여자인지 잘 모르겠어요,

T   무엇을 보고 남자와 여자로 나누었니?

C   여자는 치마를 입었고, 남자는 바지를 입었어요, 그리고 여자는 머리가 길어   서 묶었고요, 남자는 짧아요,

T   가장 나이가 많은 사람은 누구일 것 같니?

T   가장 어린 사람은 누구일 것 같니?

T   여기가 어디인 것 같니?

C   미술관이요, 거실이요.

T   찰스 4세가 왕이어서 아마도 왕궁 같기도 하고, 뒤에 큰 그림이 2개나 보이는 것 보면 미술관 같기도 하구나.

2. 친척에 대해 이야기 한 후 그림을 그린다.

• 가족과 친척을 어떻게 다를까?

• 선생님의 가족과 친척을 소개할게요. 선생님을 낳아주신 선생님의 어머니, 아버지, 광숙 언니, 민자 언니, 왕민 오빠, 승민 동생, 남편, 선생님의 첫째 딸 정승주, 둘째 딸 정현진, 선생님의 시어머니와 시아버지, 큰 시누이, 작은 시누이, 아주버님, 작은 아주버님..... 선생님의 친척이 정말 많죠?

• ○○가 알고 있는 가족과 친척을 이야기 할 수 있겠니?

• 친척 중에서 누가 가장 키가 크니, 누가 가장 작니?

• 친척 중에 아기도 있니?

3. 친척을 오려 서있는 사람을 만든다.

• 친구들이 그린 사람들을 가위로 오려보자.

• 나무젓가락 위쪽에 투명 테이프로 붙여볼까?

• 나무젓가락을 세워서 사람이 서 있는 모습을 하려면 어떻게 해야 할까?

• 오아시스나, 스티로폼에 꽂아보자.

• 우리 반에서 가장 많은 친척을 그린 사람은 누구일까?

찰스4세의 가족(고야)

우리가족 그리기

7 공작 색칠하기

⌗ 명화 제목

공작(그레고리우스 시다르타 수기요)

주요 경험	• 그레고리우스의 공작 그림을 감상한다. • 칸을 나누어 그림을 색칠하는 방법을 경험한다.

활동 자료	• 그레고리우스의 공작 그림, 색깔이 없는 공작 그림(공작 그림만 가리고 복사한 그림유아 1인당 1장), 그리기 도구

[활동 방법]

1. 그림을 보고 이야기 나누기를 한다.

T 무엇을 그린 그림 같니?

C 공작 같아요.

T 그래요, 이 그림은 공작을 그린 그림이에요.

T 공작을 본 적이 있니? 공작이 꼬리를 활짝 편 모습을 본 적이 없니?

C 네, 동물원에서 보았어요.

T 친구들이 보았던 공작과 그림 속의 그림은 어떤 차이가 있는 것 같니?

C 동물원에서 보았던 공작 꼬리는 부채처럼 생겼는데 이 그림은 아니에요.

C 책에서 보았는데 꼬리에 동그란 모양도 있고 색깔도 여러 가지예요.

T 이 화가는 공작의 꼬리 부분을 선으로 칸을 나눈 다음에 색칠을 한 것 같구나.

T 공작의 색깔과 바탕 색깔 부분이 차이점이 있니?

C 색깔이 비슷해서 자세히 봐야해요.

T 바탕색도 선으로 칸을 나눈 다음 색칠을 하였구나, 색칠을 할 때 선으로 나누어 색을 칠 하는 방법도 있구나(큐비즘의 특성)

2. 두 그림(원그림과 복사 본)을 비교한 후 공작에 색칠을 한다.

  • 두 그림은 어디가 차이가 있니?

  • 변한 곳은 어디이니?

  • 흰색으로 변한 공작에 색깔을 넣어줄까?

  • 칸으로 나누어 색칠하니 좋은 점이 있니?, 불편한 점도 있니?

  • 화가가 그린 그림과 친구들이 그린 그림 중 어느 것이 더 마음에 드니?

공작(그레고리우스 시다르타 수기요)

수기요처럼 색칠하기

8 그림에 등장한 곤충 그려보기

유아

⊞ 명화 제목

초충도(신사임당)

주요 경험	• 신사임당의 초충도 그림을 감상한다. • 그림 속에 등장한 곤충들을 그려본다.

활동 자료	• 신사임당의 초충도 그림(엽서그림일 경우 실물 화상기로 확대 함), 그리기 도구, 초충도 카드, 천원, 오천 원, 만원, 오만 원 권 지폐, 실물 화상기

[활동 방법]

1. 지폐를 보고 이야기 나누기를 한다.

   T   선생님이 우리나라 돈을 준비했는데, 돈에 그려져 있는 사람을 찾아보자.

   T   돈에 쓰여 있는 사람의 이름이 너무 작아 잘 보이지 않으니 크게 볼 수 있도록 실물화상기 위에 올려놓고 돈을 자
        세히 보자.

   T   선생님과 함께 읽어보자, 천원은 이황그림이 그려져 있고, 오천 원은 이이, 만원은 세종대왕, 오만원은 신사임당
        그림이 그려져 있구나.

   C   이순신 장군은 왜 없어요.

   T   오늘은 선생님이 종이로 된 돈에 있는 그림만 알아보았는데, 다음엔 동전에 그려져 있는 그림도 알아보도록 하
        자, 이순신 장군은 백 원짜리 동전에 그려져 있단다. (일원: 무궁화, 오원: 거북선, 십 원: 다보탑, 오십 원: 벼
        이삭, 백 원: 이순신, 오백 원: 학)

2. 그림을 보고 이야기를 나눈다.

   T   선생님이 준비한 그림을 이 중에 한 사람이 그린 그림 이예요, 여자였는데, 누구일까?

C   신사임당이요,

T   오만원에 그려진 신사임당이 그린 "초충도"라는 그림 이예요,

T   그림을 살펴보자, 모두 몇 장인지 세워보자,

T   모두 8장의 그림으로 나누어져 있는 그림인데 각각 그림에 무엇이 그려져 있니?

C   꽃, 수박, 가지, 오이, 나비, 사마귀, 쥐, 개구리,

T   친구들이 봤던 것처럼 풀과 곤충을 그렸다고 하여 한문으로 풀초, 벌레 충하여 초충도 라고 하였단다,

T   첫 번째 그림을 살펴보자, 친구들이 모르는 풀과 곤충은 선생님이 도와줄게요, 무엇이 그려져 있니?

C   오이와 개구리요,

T   두 번째 그림을 살펴보자, 무엇이 그려져 있니?

C   양귀비와 도마뱀,

T   세 번째 그림을 살펴보자, 무엇이 그려져 있니?

C   가지와 방아깨비,

T   네 번째 그림을 살펴보자, 무엇이 그려져 있니?

C   맨드라미와 쇠똥벌레,

T   다섯 번째 그림을 살펴보자, 무엇이 그려져 있니?

C   원추리와 개구리,

T   여섯 번째 그림을 살펴보자, 무엇이 그려져 있니?

C   산차조기와 사마귀,

T   일곱 번째 그림을 살펴보자, 무엇이 그려져 있니?

C   어숭이와 개구리,

T   여덟 번째 그림을 살펴보자, 무엇이 그려져 있니?

C   수박과 들쥐,

3. 초충도의 곤충 찾아보기

T   여기에 어떤 그림이 있니?

T   초충도에 있는 곤충을 찾아볼 수 있겠니?

T   곤충카드를 그림속의 곤충을 찾아 맞추어 볼 수 있겠니?

4. 그림에 나왔던 곤충들을 그려본다.

• 그림 속에 나왔던 곤충들을 말 해 볼 수 있겠니?

• 그림 속에 나왔던 곤충 들을 다른 곳에서 본적이 있니?

- 그림 속에 나왔던 곤충들을 그려볼 수 있겠니?

- 어떤 곤충이 가장 그리기 어려웠니?

- 뱀은 무엇을 먹고 살지?

- 개구리는 무엇을 먹고 살지?

- 가까이에 있으면 어떻게 될까?

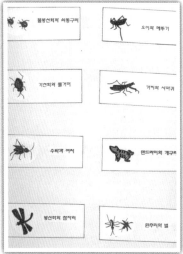

9 감정 그림 그리기

유아

⊗ 명화 제목

절규(뭉크)

주요 경험	• 뭉크의 절규 그림을 감상한다. • 사람의 다양한 감정을 그림으로 표현해 본다.

활동 자료	뭉크의 절규 그림, 5cm×10cm정도의 도화지 4~5장(유아 1인당) 그리기 도구

[**활동 방법**]

1. 그림을 보고 이야기 나누기를 한다.

T   그림 속에는 무엇이 있니?

C   하늘에는 불이 났고요, 다리도 있고, 물도 있어요, 마른 사람은 불이 나서 무섭다고 떨고 있는데 뒤에 두 사람은
      아무렇지 않게 걸어가요.

T   그림에서 직선과 곡선을 찾아볼 수 있겠니?

C   불과 바다는 곡선이고 다리는 직선이예요.

T   그림에 있는 곡선을 손으로 그려볼 수 있겠니?

T   그림 속의 사람처럼 따라 해 볼까?

T   이 사람에게 무슨 일이 있었을까?

C   무서워서 놀란 일, 아파서 힘들었던 일.

T   이 사람은 지금 무슨 말을 하고 있을까?

C   귀가 아파요, 무서워요, 도망가고 싶어요, 시끄러워요.

T   화가는 왜 이런 그림을 그렸을까?

C   슬픈 일이 있었나 봐요, 무서운 일이 있었나 봐요.

T   뭉크라는 화가가 이 그림을 그렸는데 이 화가는 이 그림을 그리고 나서 일기를 썼는데, 일기에 그림을 그리게 된 이유가 써 있었어요. "어느 날 두 친구와 길을 가고 있었는데 태양이 지고 있는 하늘을 보고 우울해 하고 있었다. 그런데 갑자기 하늘이 피처럼 빨갛게 보여 다리 난간에 매달려 불안에 떨었다"라고.

T   너에게 이 그림을 준다면 집으로 가져가서 어디에 걸어 두고 싶니?

C   안 가져갈래요.

T   왜?

C   그림을 보면 무서워서요.

2. 카드에 사람의 다양한 감정의 모습을 그려본다.

- 사람들의 마음에는 어떤 감정들이 있을까?

- 슬픔, 기쁨, 미움, 무서움, 화, 미안함, 행복함, 짜증난, 괴로움, 사랑스러운, 즐거운, 고통스러운.

- 슬픈 마음의 몸과 얼굴 모습을 어떻게 표현하면 좋을까?

- 행복한 마음이 들었을 때 몸과 얼굴 모습을 어떻게 표현하면 좋을까?

- 사람들은 화가 났을 때 얼굴 과 몸을 어떻게 하니?

- 그런 사람의 여러 감정들을 종이에 그려볼 수 있겠니?

절규(뭉크)

짜증난 마음

깜짝놀란 마음

화난 마음

슬픈 마음

무서운 마음

참는 마음

기쁜 마음

놀란 마음

10 먹물로 그려보기

유아

⊞ 명화 제목

홍백매도(장승업)

주요 경험	• 장승업의 홍백매도 그림을 감상한다. • 종이 위에 떨어진 물감 방울을 불어 나무 모양을 만들어본다.

활동 자료	• 장승업의 흥백매 그림, 먹과 벼루, 먹물, 도화지, 크레파스, 서예 붓, 일반 그림붓, 분홍색 한지, 풀, 가위

[활동 방법]

1. 그림을 보고 이야기 나누기를 한다.

> T   무엇을 그림 일까?
>
> C   꽃, 벗꽃 나무요.
>
> T   옛날 우리나라 장승업이라는 화가가 붉은 색과 흰색의 매화꽃을 그린 그림이야.
>
> T   무슨 색의 종이에 그림을 그린 것 같니?
>
> C   노란색이요.
>
> T   그림을 다 그렸는데도 바탕색을 다 칠하지 않고 끝낼 수도 있구나.
>
> T   무엇으로 그렸을까?
>
> C   검정색 물감이요.
>
> T   옛날에는 여러 색깔로 그리지 않고, 여기에 있는 먹을 벼루에 갈아서 만든 먹물로 그림을 그렸단다.

2. 먹물을 만든다.

• 벼루에 물을 부어보자.

- 먹을 벼루위에 놓고 선생님처럼 문질러 볼까?

- 물이 벼루 밖으로 나가 않게 하려면 어떻게 해야 할까?

- 물이 점점 어떻게 변하니?

- 전에 그렸던 붓과 어떻게 다르니?

- 이 붓은 끝이 날카롭고 뾰족하구나, 옛날 사람들은 이런 붓으로 그림을 그렸구나.

3. 먹물로 그림을 그린다.

- 붓에 먹물을 묻인 다음 그림을 그려보자.

- 전 그렸던 붓으로 그릴 때와 무엇이 다르니?

- 검정색으로 만 그림을 그리니 어떤 느낌이 드니?

- 어떤 친구의 먹물은 아주 까만색인데, 또 어떤 친구의 먹물은 회색이 되었네, 왜 그럴까?

4. 먹물이 마른 후 나무에 꽃을 만들어 붙인다.

- 한지로 꽃 모양을 만들어볼까?

- 가위로 오려서 만들 수도 있고, 손으로 찢어서 꽃 모양을 만들 수도 있단다.

- 꽃을 만든 친구는 나무에 붙여보자.

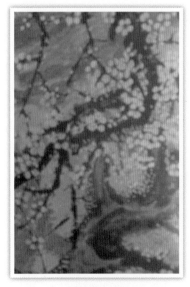

홍백매도(장승업)

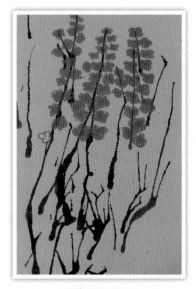

매화 꽃 그리기

11 내 모습 그리기

유아

❀ 명화 제목

자화상(윤두서)

주요 경험	• 윤두서의 자화상 그림을 감상한다. • 자화상이란 어떤 그림인지 이야기 한다. • 자신의 모습을 살펴본 후 그려본다.

활동 자료	• 윤두서의 자화상, 스탠드 거울, 사진, 도화지, 그리기 도구

[활동 방법]

1. 그림을 보고 이야기 나누기를 한다.

T 이 그림은 윤두서라는 사람이 그린 그림 이예요.

T 다른 그림과 어떤 점이 다르니?

C 얼굴만 그려져 있어요.

T 다른 그림의 얼굴 그림과 무엇이 다르니?

C 무서워요, 옛날 사람이에요.

T 누가 그렸을 것 같니?

C 화가요.

T 이 그림은 윤두서라는 사람이 자신의 얼굴을 그린 그림이에요. 자신의 얼굴을 다른 사람이 그리지 않고 자신이 직접 그린 그림을 자화상이라고 해요.

T 자기 얼굴을 어떻게 보고 그렸을까?

C 만져 봐요, 생각해서요, 거울을 보고 그려요, 사진을 보고 그려요.

T 이 사람이 살고 있는 아주 옛날에는 사진이 없어서 거울을 보고 그린 그림 이란다.

2. 자신의 얼굴을 그려본다.

- 윤두서처럼 자신의 얼굴을 그려볼 수 있겠니?

- 너희들이 자신의 얼굴을 그린다면 무엇을 보고 그릴 것 같니?

- ○○는 너의 얼굴 중 가장 예쁜 부분은 어디라고 생각하니?

- ○○ 친구의 얼굴은 어디가 가장 예쁘니?

- ○○는 사진을 보고 그리는 구나.

- ○○는 거울보고 그리는구나.

- ○○는 아무것도 보지 않고도 잘 그리는 구나.

3. 자화상을 벽면에 전시한 후 친구들의 자화상을 알아본다.

- 이 자화상은 누구랑 닮았니?

- 어떤 부분을 보고 알 수 있었니?

자화상(윤두서)

자화상(정현진)

저자약력

이민경

[학력]
전남대학교 유아교육 학사
이화여자대학교 유아교육 석사
경희대학교 아동학 박사 수료

[경력]
전북지역 병설유치원 교사
삼성복지재단 전주덕진삼성어린이집 원장
순천제일대학 유아교육과 교수 및 부설 유치원장

현 | 전주기전대학 유아교육과 교수 및 부설 유치원장
　　전라북도 유아교육기관 평가위원
　　전주시 교육지원청 유아교육 운영위원
　　전라북도 교육청 유아교육 운영위원
　　전라북도 교육청 누리과정 연수위원
　　전라북도 교육청 유치원 수업 컨설팅 자문 위원

영아 · 유아를 위한 미술교육

초판 인쇄　2015년 02월 25일
초판 발행　2015년 03월 02일

저　　　자　이민경
발 행 인　이범만
발 행 처　**21세기사** (제406-00015호)
　　　　　　경기도 파주시 산남로 72-16 (413-130)
　　　　　　Tel 031-942-7861　　　**Fax** 031-942-7864
　　　　　　E-mail 21cbook@naver.com
　　　　　　Home-page www.21cbook.co.kr
　　　　　　ISBN 978-89-8468-527-7
　　　　　　정가 18,000원